现代城建档案管理及其数字化研究

刘友海　聂鑫华　刘　佳　著

群言出版社
QUNYAN PRESS
·北京·

图书在版编目（ＣＩＰ）数据

现代城建档案管理及其数字化研究 ／ 刘友海，聂鑫华，刘佳著． -- 北京 ：群言出版社，2023.12
ISBN 978-7-5193-0916-9

Ⅰ．①现… Ⅱ．①刘… ②聂… ③刘… Ⅲ．①城市建设－档案管理－数字化－研究 Ⅳ．① G275.9-39

中国国家版本馆 CIP 数据核字（2023）第 254120 号

————————————

责任编辑：刘　波　张启超
封面设计：知更壹点

出版发行：群言出版社
地　　址：北京市东城区东厂胡同北巷1号（100006）
网　　址：www.qypublish.com（官网书城）
电子信箱：qunyancbs@126.com
联系电话：010-65267783　65263836
法律顾问：北京法政安邦律师事务所
经　　销：全国新华书店

印　　刷：三河市腾飞印务有限公司
版　　次：2023年12月第1版
印　　次：2023年12月第1次印刷
开　　本：710mm×1000mm　1/16
印　　张：11.75
字　　数：235千字
书　　号：ISBN 978-7-5193-0916-9
定　　价：60.00元

作
者
简
介

刘友海，男，生于 1971 年 11 月，毕业于中央广播电视大学法律专业，本科学历，现任职于河北省秦皇岛市保障性住房事务中心，副研究馆员，审核科科长。研究方向：保障房的档案管理工作。

聂鑫华，男，生于 1982 年 5 月，毕业于河北工业大学建筑学专业，本科学历，现任职于河北省秦皇岛市城市建设档案馆，馆员，办公室主任。研究方向：档案管理。

刘佳，女，生于 1981 年 5 月，毕业于中央广播电视大学人力资源专业，本科学历，现任职于河北省秦皇岛市不动产登记中心，馆员，办公室科员。研究方向：不动产的档案管理工作。

前　言

　　现代城建档案管理是城市建设发展工作中一个十分重要的环节，城建档案管理工作能够在智慧城市背景下实现工作模式的创新，提高档案管理效率和质量。现代信息技术的发展和普遍应用让城建档案管理工作的方式方法、管理内容等都发生了很大程度的变化，城建档案资料开始从过去的纸质档案逐渐转化为电子档案，管理模式从传统的手工管理朝着信息化管理演变，档案信息的获取方式也开始朝着网络化的方向迈进。在数字化时代背景下，现代城建档案管理人员必须转变思想认识，积极推进档案数字化建设，建立完善的城建档案管理体系，助力城建档案管理工作的创新与转型。

　　全书共六章。第一章为绪论，主要阐述了城建档案的相关概念、城建档案的种类、城建档案管理的特征、城建档案管理面临的新要求、城建档案在城市建设中的作用、城建档案管理信息化建设等内容；第二章为现代城建档案管理现状，主要阐述了现代城建档案管理取得的成效和现代城建档案管理存在的问题及原因等内容；第三章为现代城建档案管理理论基础，主要阐述了系统论、协同论、治理理论、档案价值理论、档案全程管理理论等内容；第四章为现代城建档案管理基本工作，主要阐述了城建档案收集工作、城建档案整理工作、城建档案鉴定工作、城建档案保管工作、城建档案检索工作、城建档案编研工作等内容；第五章为智慧城市建设下城建档案管理策略，主要阐述了智慧城市建设的现状和基于智慧城市建设的城建档案管理的策略等内容；第六章为现代城建档案管理数字化建设与应用，主要阐述了城建档案管理数字化建设的重要性、城建档案管理数字化建设面临的难题、城建档案管理数字化建设的基本策略、数字化技术在不动产档案管理中的应用等内容。

　　在撰写本书的过程中，作者借鉴了国内外很多相关的研究成果，在此对相关学者、专家表示诚挚的感谢。

　　由于作者水平有限，书中有一些内容还有待进一步深入研究和论证，在此恳切地希望各位同行专家和读者朋友予以斧正。

目　　录

第一章 绪 论

城建档案是人们在城乡规划、建设、管理、科研工作等活动中形成的，对国家和社会具有保存价值的文字、图纸、图表、声像以及特定实物等各种形式和载体的历史记录。由于城市建设的动态性，城建档案不仅是城市发展的真实见证，更是今后土地利用、规划建设等工作的重要依据。因此，需要更好地管理城市建设档案，同时强调提高其管理的信息化水平。本章则围绕城建档案相关概念、城建档案的种类、城建档案管理的特征、城建档案管理面临的新要求、城建档案在城市建设中的作用、城建档案管理信息化建设展开研究。

第一节 城建档案的相关概念

一、档案与档案管理的概念

（一）档案的概念

档案是人类历史的重要载体之一，通过记载信息，能够向后人揭示历史的真相。纵观人类历史长河，记载档案的形式发生了翻天覆地的变化，从用壁画、石碑记录到用竹片、丝帛、羊皮记录，从传统的纸张记录到现如今依托计算机系统存储并可以进行网络传输的数字档案……随着社会发展与进步，档案记录的方式也逐渐向数字化方向发展。

《中华人民共和国档案法》（2020 年修订版）指出，档案是指过去和现在的机关、团体、企业事业单位和其他组织以及个人从事经济、政治、文化、社会、生态文明、军事、外事、科技等方面活动直接形成的对国家和社会具有保存价值的各种文字、图表、声像等不同形式的历史记录。由此可见，档案的来源比较广泛，既包括了具有官方性质的各种机关、社会组织、团体、公司形成的历史记录等，也包括了非官方性的个人形成的历史记录，同时具有一定的实践性和社会利用价值。因此，档案必须满足具有历史性和记录性两个特点。历史性是指档案的内容必须是过去已经形成的东西，而不是正在形成或尚未形成的东西；记录性是指档案在形成过程中必须植根于一定的社会活动，它是对过去发生的历史事实的一种真实的记录。

（二）档案管理的概念

档案管理亦称档案工作，是档案馆（室）直接对档案实体和档案信息进行管理并提供利用服务的各项业务工作的总称，也是国家档案事业最基本的组成部分。档案管理可划分为多环节，其划分是相对稳定而非绝对的，档案实体管理主要包括档案收集、档案整理、档案鉴定、档案保管、档案检索、档案编研等环节。

档案管理的实体对象是档案，服务对象是档案利用者，所要解决的基本矛盾即分散、零乱、孤本、质杂、量大的档案状况与集中、系统、广泛、优质、专指的档案社会利用需求之间的矛盾。可以说二者既是相互对立的关系，又是相辅相成、相互促进的关系。因此在几千年的档案管理发展历程中，档案管理逐渐从简单到复杂、从非独立到独立、从封闭到开放、从初级到高级，尤其是近10年，档案管理更是乘着新技术的红利，其发展从人工逐渐发展到信息化再到数字化。

二、城建档案与城建档案管理的概念

（一）城建档案的概念

"城建档案"是城市建设档案的简称。我国城建档案的概念经历了一个变化发展的过程，新中国成立后首先使用的是"城市基本建设档案"这一概念，随着城市规划、建设和管理工作的不断发展和深化，原有的"城市基本建设档案"这一概念已经无法涵盖全部城建档案类型，也不能满足时代发展的需要。为了更好地适应城建档案工作的需要，更准确地反映城建档案的内涵和外延，更广泛地收集和保管城建档案，城建档案工作会议经过讨论决定将"城市基本建设档案"改为"城市建设档案"。后来，又有人提议改为"城乡建设档案"，却未得到国家层面的认可，但是至今仍有不少人使用"城乡建设档案"这一概念，一些地方的城建档案馆全名为"城乡建设档案馆"，某些地方出台的管理办法仍名为"城乡建设档案管理办法"。后来，随着一系列法律法规的出台，"城市建设档案"这一概念名称逐渐成为共识并确定下来，在《城市建设档案管理规定》（1997年12月23日中华人民共和国建设部令第61号公布，自1998年1月1日起施行）中明确指出"城市建设档案"简称为"城建档案"，即城建档案是指在城市规划、建设及其管理活动中直接形成的对国家和社会具有保存价值的文字、图纸、图表、声像等各种载体的文件材料。

事物的概念是会随着社会历史和人类认识的发展而变化的。随着科技的不断发展，特别是云计算、物联网等新一代信息技术的兴起，我们进入了一个全新的时代——大数据时代。大数据时代的到来，不仅改变了我们对数据的认识和使用方式，也推动了社会的数字化进程，对未来的发展产生了深远的影响。随着社会数据化程度的不断加深，数据已经成为重要的生产要素，对各行各业的业务活动产生了深远的影响。

在新技术、新理念的推动下，各行业都在积极利用数据进行业务决策和创新，同时也产生了大量的数据。随着数据化社会的到来，档案的记录、读取、存储和传播方式也发生了很大的改变。大量的数据化档案信息随着业务活动的进行而产生，以至于催生了"档案数据"这一概念。当前，在城市规划、建设及其管理活动中，除了传统的纸质、"模拟态"、"数字态"档案在源源不断地产生，"数据态"的城建档案资源也开始产生，并且逐渐会成为数据时代城建档案资源的主体，城建档案的内涵与外延也将随之发生改变。

大数据时代，仍然沿用传统环境下城建档案的概念显然是不合理的，顺应城建档案内涵与外延的发展变化，对城建档案的概念进行更新与解释刻不容缓。界定数据环境下城建档案的定义需要对以下两点进行重点把握：

其一，城建档案作为城市建设活动的原始记录，是与城市建设活动相伴而生的，它对城市规划、建设及其管理活动的实际情况进行了真实客观的记录。

其二，城建档案只有具备档案与生俱来的社会性、历史性、确定性、原始记录性等基本属性，才能固化城建档案的"档案本质"，以防脱离档案的性质而使其内涵与外延过于泛化。

因此，可以得到数据环境下档案的定义，即档案是真实记录并规范化管理的组织机构活动过程及其结果的客观数据，基于此，尝试对大数据时代城建档案做出定义，城建档案即城市建设范围内各级各类组织机构真实记录并规范化管理的有关城市规划、建设与管理活动及其结果的客观数据。

城建档案是档案的一个分支，因而我们可以适当借助"档案数据"内涵与外延的界定方法，与"大档案观"的思想相结合，对大数据时代背景下城建档案的含义进行分析与阐述。

一方面，从时间范畴上讲，城建档案涵盖了更长的时间跨度。传统的城建档案主要指的是在城市规划、建设和管理活动中产生的纸质档案和模拟态档案资源，而随着数字化技术的发展，这些档案逐渐被数字化，形成了电子档案。然而，随着大数据时代的到来，城建档案的范围进一步扩大。

现在，城建档案不仅包括传统的纸质档案和数字化档案，还包括数据环境下的电子档案。因此，从时间范畴看，大数据时代的城建档案是传统城建档案资源与数据环境下产生的城建档案数据的集成整合。这种集成整合不仅包括传统纸质档案的数字化转换，还包括各种实时数据的采集、处理和存储。

另一方面，从空间范畴上讲，大数据时代城建档案涵盖了更广的范围。传统的城建档案主要来自传统的档案产生环境，如城市规划、建设和管理的机构等。而随着数字化和网络化的发展，城建档案的来源更加广泛，包括各种传感器、移动设备、社交媒体等产生的实时数据，以及与城市建设活动相关的管理平台、业务网站、卫星遥感等各网络系统与设备终端上生成的大量数据。

综上，城建档案的内涵与外延随着社会发展与人类认识的变化而不断变化着。在大数据时代，清晰界定城建档案的定义，明确其外延范围，有助于推动城建档案管理工作更好地开展，充分发挥其在城市规划、建设及其管理活动中的凭证与参考价值，为构建智慧城市、改善人民生活环境发挥应有的作用。

此外，还应明确城建档案作为档案家族的重要成员，是档案资源的重要组成部分。城建档案除了档案所固有的社会性、历史性、确定性与原始记录性等基本属性外，还具备以下几种特性：

第一，权威性。城建档案完整地反映着城建活动的过程。与其他文件相比，城建档案的法律效力来自城建档案形成的那天。所以，当城建工出现问题以及评定等级时，都需要查阅城建档案的原始记录，依据城建档案来做出评判。在同一事物有不同记载的情况下，一般都以档案材料的记录为准。由此可见，城建档案的权威性体现在它的凭证依据比其他的具有凭证价值的文件更有说服力。

第二，综合性与专业性。城市是一个复杂的综合性区域，包括居民区、街道、医院、学校、广场、公园等多种设施与场所。作为城市管理的重要组成部分，城市建设的主要目的是通过合理建设城市系统内的各物质设施，促使城市人居环境进一步改善。由于城市建设活动的复杂性，相伴而生的城建档案也具有一定的综合性特征。城建档案的综合性主要表现在两个方面，即档案形成的多源与种类的多样，具体分析如下：

一方面，城建档案的形成来源比较广泛，既包括源于不同专业工程项目的档案，如规划、水务、建设、环保、消防、公路、铁路等，又涉及源于直接参与建设工程的设计、勘察、测绘、建设、施工、监理等单位与住房和城乡建设局、自然资源和规划局等行政管理部门的档案。这种多样性特征表明，城建档案的形成来源具有广泛性，涵盖了城市规划、建设和管理活动的各个方面。

另一方面，城建档案的类型比较多样，以档案内容为依据进行划分，城建档案可以分为工程建设档案，业务管理和业务技术档案，城市建设中有关方针、政策、法规等方面的档案三大类，其中建设工程档案又可以细分为包括市政基础工程档案等在内的多种类型；以档案载体为依据进行划分，城建档案的载体形态既有传统纸质、磁介质、光介质等载体档案材料，又包含存储于服务器与云端的电子文件、建筑信息模型（Building Information Modeling，BIM）数据等新型载体档案。

城建档案馆是我国专门为了管理城市建设活动中形成的档案而设立的重要的专业档案馆。城建档案馆之所以属于专业档案馆序列，是因为作为其主要管理对象的城建档案本身具有专业技术性强的特点。

第一，城建档案的专业性体现在其承载内容的专业方面。城建档案是对包括建筑、公路、桥梁、地下管线、水利工程等各专业工程在内的城市建设项目的原始记录，其承载着城市建设各专业领域的专业性信息。

第二，体现在城建档案的来源层面，与城市建设活动相关的住建、规划、消防、环保等专业行政管理部门在城市规划、建设及其活动中形成的业务管理和业务技术档案是城建档案的重要来源，是对其专业管理活动的真实反映，具有鲜明的专业性特征。因此，城建档案综合集中记录反映着各个专业领域的专业性活动，其专业性与综合性并存。

第三，程序性与周期性。城建档案的程序性特征非常重要，因为城建档案是随着城市建设工程项目建设程序的推进而形成的，它记录了建设活动的全过程。每个建设程序中所形成的档案都是对该程序的真实反映，同时也为后续各个阶段、各个建设程序的开展提供了信息参考和凭证。按城建档案的程序性划分，可以将其分为工程准备阶段的档案、工程实施阶段的档案、工程竣工验收阶段的档案三类。城建档案的程序性特征体现了其形成与建设程序的一致性，同时也反映了城建档案在城市建设中的重要地位和作用。

由于城市建设项目的展开具有时间跨度长的特点，从项目立项到建设施工再到竣工验收，建设时间长短不一，特别是重大建设项目，建设时间可能持续几年到十几年不等。这也就导致了城建档案的积累具有周期性的特征，城建档案伴随建设程序的开展而产生，建设周期越长，档案的收集积累周期也随之越久。

第四，成套性与动态性。每一个城市建设项目都是一个完整的建设过程，同时在其项目建设活动中形成的所有的城建档案是不可分割的有机整体，各个阶段的城建档案之间环环相扣，紧密联系不可分割。只有把包含工程准备阶段的档案、监理档案、施工档案、竣工图和竣工验收档案在内的同一全宗的档案全部归档，才能保证城建档案的完整性，充分发挥其利用价值。

要保证城建档案的齐全性和完整性就要在档案管理过程中促使其动态性特征得到充分体现，并要求档案积累与工程建设同步进行，同时动态收集、整理与保管不断形成的城建档案，并且基于建设进度对城建档案资料及时补充与完善。此外，针对原有的档案全宗，要及时补充与完善改扩建项目产生的档案资料，保证城建档案与工程建设实际相符合。

综上，与城市建设活动相伴而生的城建档案除档案所固有的基本属性外，还具有区别于其他类别档案的特性。在大数据环境下，进一步明确与掌握城建档案的权威性、综合性、专业性、程序性、周期性、成套性、动态性等特征，有利于更好地实现城建档案的多维度与精细化管理，充分发挥其数据价值。

（二）城建档案管理的概念

城市建设是一项以城市为对象实施规划、建设和管理的基础工作，而城建档案是承载城市规划、建设和管理信息的重要载体，能够对各项城建项目的真实信息形成全面、客观的反映，在与城市有关的房屋普查、编史修志与科学研究等工作中发挥着尤为重要的作用。

城建档案管理是指由建设单位来逐一收集、整理从城市规划到未来开展的一系列相关活动所生成的信息资料，然后再进行归档，最终移交到城建档案管理部门，而城建档案管理部门会以国家有关规定为依据，积极向社会提供更便捷的服务的过程。城建档案管理在城市的建设及发展过程中占据十分重要的地位。

第二节　城建档案的种类

城建档案在"成套性""动态性"特征的作用下，档案内容会呈现出覆盖面广、专业性强的特点。根据其特点，城建档案通常包含以下档案种类：

一、城市勘测档案

在城市规划和建设过程中，一项重要的基础性工作就是城市勘测，同时这也是城市规划各个编制阶段前期工作中极其重要的环节。在城市勘测工程活动中，一些宝贵的资料会逐渐积累下来，这些资料就是所谓的城市勘测档案。这类档案是城市建设和发展历程的重要见证，无论是对城市的规划、建设和管理，还是对社会经济发展，都具有十分重要的参考价值。城市勘测档案的特点包括三个方面：

（一）基础支撑作用强，使用频率高

城市勘测档案资料是对覆盖区域内地上、地下全面情况的具体反映，属于具有重要参考价值的档案资料，它会对于城市规划、建设和管理决策产生十分重要的影响。因而，城市勘测工程档案的使用频率极高。

（二）应用范围广

城市勘测档案资料可广泛应用于城市规划、建设与管理的全过程中，同时对社会经济发展决策也具有重要的参考价值。从城市勘测档案资料中提取整合的地理信息可广泛用于政府宏观决策支持等方面。

（三）档案资料延续特征明显

城市勘测工作贯穿于城市规划、建设和管理的全过程，是一项连续的系统工程，因此其发生并产生作用的时间也是连续的、无限的。故而，城市勘测工程档案资料在时间上具有明显的延续性特征。

二、城市建设规划档案

城市建设规划档案是记录反映城市发展历程的重要载体，承载着城市建设与发展的各项信息，对于城市建设发展具有重要作用，直接关乎城市建设规划的科

学性、高效性、有序性。完善城市建设规划档案管理，既可以更好地促进城市发展进程，又有助于实现城市建设目标、维护社会公共安全。

城市建设规划档案按其组成部分可分为图纸、规划文本、综合文字材料等。图纸按纸质类别可分为印刷图、复印图、透明底图、蓝图、彩图等，按其内容可分为规划图、建筑图、地图、地形图、现状图、基础设施图等。规划图又分为国土空间规划（总体规划）图、详细规划图、控制性详细规划图、分区规划图、专项规划图、征地范围图等。规划文本是规划图的详细分析说明，是大型规划必不可少的图文汇总，是对规划项目的现状、规划原则和依据、规划用地及功能分区的分析与论述。综合文字材料有规划局下发的选址意见书、设计变更、建设单位协议及合同、统计资料、交流材料等。

三、城市建设工程档案

城市建设工程档案是指在工程设计组织工作和各个实施阶段中产生的、具有保存价值的文件材料。一般来讲，城市建设工程档案中的主要内容如下：

①工业、民用建筑工程档案。

②市政基础设施工程档案。

③公用基础设施工程档案。

④交通、港口、水利基础设施工程档案。

⑤园林绿化、生态环境建设工程档案。

⑥文物古迹、风貌保护建设工程档案。

⑦市容环境、卫生设施建设工程档案。

⑧城市防洪、抗震工程档案。

⑨各类地下管线（含给水、排水、燃气、热力、电力、通信、广播电视等地下管线及其附属设施）以及人防等地下空间工程档案。

⑩国家和本市规定的其他应当归档的建设工程档案。

四、城市建设规划管理档案

城市建设规划管理是为了保证城市规划的编制和实施，所采取的行政、法律、经济手段的各种活动的总称，是对城市规划工作进行的行政管理和业务管理，它是城市管理的重要组成部分，也是城市规划工作的重要组成部分。在城市建设规划管理工作中形成的档案材料如下：

第一，建设用地档案管理方面：建设用地申请报告，计划部门批准的基建计划、任务书或下达的工程项目计划指标，建设用地审查记录或承办单，建设用地选址定点材料，建设用地许可证（或执照、批复文件），征用土地协议书，建设用地地形图，建设用地定线图。

第二，建筑工程管理方面：基建计划，建设地点的定点申请报告、批复文件，土地证件，开工报告，总平面图（含现状图），建筑设计平、立、剖面图，动迁安置协议书或保证书，设计说明书，工业建筑和特殊建设项目有关专业管理部门的批复，大型工业、民用建筑工程的透视图或模型，规划设计方案审定材料，建筑工程审查记录，建筑工程执照以及房屋建筑现状图、城市各类房屋建筑规划图、高层建筑分布图、房屋建筑工程统计资料和有关的史料、照片、录音带、录像带等。

第三，城市管线工程规划管理方面：管线工程建设申请书，管线工程设计方案和方案审批材料，管线工程施工图（平面图、纵断面图、横断面图、结点详图等），施工执照，竣工测量成果资料，定线定位测量成果资料等。

五、城市房地产档案

城市房地产档案主要是在房地产管理中形成的，作为不动产物权登记实际承载和原始实际平整资料信息，为城市拆迁规划、房屋权属管理等方面提供参考。房地产档案种类繁多复杂，且涉及人员、科室较多，实际管理难度较大，尤其是当下各类先进技术不断入驻档案管理中，需积极抓住该契合点，提高档案管理水平，为相关部门提供优质服务。房地产档案管理特征主要包含以下几方面：

（一）法律性

房地产档案主要是指房地产管理机构在开展多项管理活动下，直接形成对国家、社会具有一定存储价值的各类历史记录资料，是客观、真实呈现房地产行政管理法定职责的法律凭证。

（二）社会性

随着住房消费市场全方位启动以及城市市场全方位放开，拥有房屋所有权的人逐步增多，其在行使自身权利时，房地产档案是否高效化应用成为当下确认交易行为是否触犯法律红线最为关键的节点。

（三）价值性

房地产作为一类不动产，自身具备较高的价值，随着房地产价值的升高，人们对房地产给予高度关注。房地产档案存储、记录的质量直接关乎相关人员自身经济效益，房地产档案管理人员需真实记载信息，客观呈现房地产经济实际运行的全生命周期。

六、城市环境保护档案

城市环境保护档案主要指的是中央与地方机构在环境保护活动中形成的有价值的文字、图表等记录，该档案分为环境管理、环境监测、环境污染及其防治等多类档案，其中包含环境监测与管理、污染源调查、环境污染的防治、环保知识的宣传教育等内容。环境保护档案是生态环境治理工作的重要基础，在生态规划发展中能够提供真实可靠的历史数据，在生态城市建设中意义重大。环境保护档案的管理主要包括设备管理、技术人员档案管理、科研报告档案管理。城市环境保护档案需要记录的内容如下：

首先，环境保护工作的开展需要许多专业设备，对于设备的购买、使用、维修等都应有相应的记录。

其次，环境保护工作的开展依赖于专业的技术人员，针对技术人员的资质、工作经验等各方面信息都需要记录在档案中，以保证技术人员的专业性，并且技术人员的档案会随着其个人工作情况进行更新，以确保档案的完整性。

最后，环境保护工作的开展与相关的科研报告有着密切联系，技术人员在具体工作中需要做好相应的科研报告，包括环保工作的起止时间、检测数据、技术评价等各种内容。

七、城市园林绿化与名胜古迹档案

（一）城市园林绿化档案

城市园林绿化档案是城建档案的重要构成部分，如实记录了某一单位、个人在园林绿化中的活动，是关于城市园林绿化的原始记录，具有较高的保存价值与参考价值。同时，城市园林绿化档案能够为城市发展建设与城市改造提供一定的参考依据。城市园林绿化档案包含较多的内容，其中主要的有园林基础资料、园林建设资料以及城市绿化建设资料等。

城市园林绿化档案具有多种载体，如文字、图纸以及照片等，是对城市园林绿化建设过程的如实与完整记录。因此，城市园林绿化档案能够为城市建设、城市改造以及城市的进一步发展提供强有力的参考依据。

具体来讲，城市园林绿化档案具有以下特点：

1. 专业性

专业性是园林绿化档案的首要特点。园林绿化建设涵盖了绿地规划、风景园林、建筑、植物栽培等专业。园林绿化档案不仅有测量、放线、土方、供水、供电等其他工程档案的共性内容，更有植物配置、栽植、管护、园林建筑等园林专业属性。

2. 系统性

园林绿化建设中设计、立项、规划、征地拆迁、勘察设计、招标投标、开工建设、监理及施工验收等生产活动的全过程和各阶段紧密相连，形成档案的过程是系统完整、缺一不可的。

3. 复杂性

园林绿化工程是根据设计需要人为地造就山石叠水、开辟山水地貌、因地制宜栽种植物、布置建筑与山水而构成艺术实体的工程，工程施工交叉复杂，需要多部门、多行业的协作联动。

（二）城市名胜古迹档案

记载名胜古迹的文字材料、图纸、照片、录像、电影等称为名胜古迹档案。具体来讲，城市名胜古迹档案的内容主要包括以下几方面：

①名胜古迹的历史沿革。

②名胜古迹地理分布图及说明等文字材料。

③名胜古迹范围内地形图、地貌图、航测照片等材料。

④名胜古迹范围内的总平面图及文字材料。

⑤名胜古迹位置分布图。

⑥有关名胜古迹的历史记载、文物内容、种类、评价、研究成果、新闻报道等文字材料，文物古迹保护管理中形成的文件材料。

⑦历代名人到名胜古迹活动时形成的有关材料。

⑧名胜古迹范围的名木古树档案，如名木古树名称、位置分布图，名木古树的由来、历史传说、有关生长记载、照片等材料。

⑨名胜古迹区内的水面、堤坝、公路、铁路车站、缆车索道等交通设施的设计、施工、竣工档案。

⑩关于申请列为各级保护区的申报及审批材料，名胜古迹调查、评价材料，景区建设规划及规划审批材料等。

第三节　城建档案管理的特征

在不断推进城市化进程中，城建档案管理逐步显示出一些共有的特征，具体有以下几方面：

一、集中管理与分散管理并存

新中国成立以后，我国形成了统一领导、分级管理的档案管理体制。1980年，国务院转批了《关于全国科学技术档案工作会议的报告》，其中提到"大、中城市要以城市为单位，由市人民政府主管城建工作的领导人主持，由市建委或城建规划部门成立城市基建档案馆，集中统一管理城市基建档案"，这意味着城建档案从综合档案的管理中单独出来，进行统一集中管理。

经过多年的发展与改革，全国大部分城市成立过或者存在着城建档案馆。同时，由于城建档案存在着涉及领域广泛、专业性强的特征，城建档案部门在统一管理的基础上，根据各专业档案涉及的建设单位不同，还存在部分城建档案分散管理的现状。由于主管部门不同，专业主管部门权限之外的部分城建档案并未接收进馆，如部分电信、热力、燃气等地下管线档案等。

二、管理结构不统一

目前，针对城市档案管理，主要是由相关的行政主管部门来执行，并且设定了专门的机构，或者配备了城建档案管理人员。在我国其他一些城市当中，城市档案管理工作有可能是由相关的行政主管部门委托其他的机构来对日常的一些工作进行管理。

在档案管理相关部门的指导监督下，城建档案馆接收大部分需要永久或长期保存的城建档案资料，并负责收集其他相关城建档案的工作。尤其是在一些三、四线城市中，建设工程的竣工档案主要交由规划管理部门来进行管理，而管线的相关档案则由测绘部门进行保存和管理，另外，部分重要证件类档案在不动产登记部门存放保管。

三、城建档案管理涉及部门众多

　　由上所述，城市建设的各个环节当中都会产生相应的城建档案，这些档案所涉及的领域和专业非常庞杂，就目前城建档案管理现状而言，有集中管理和分散管理两种模式，在管理过程中需要多个部门协作进行。以我国某个城市的城建档案管理系统为例，由图 1-1 可知，涉及的城建档案管理单位大多是市城建档案馆，具体来讲往往以市城建档案馆为主，与此同时还需要受到市档案局的指导。另外，还需要对下属多个单位和部门的档案管理进行业务指导，并且要接受同类单位所移交过来的各种各样的档案材料。

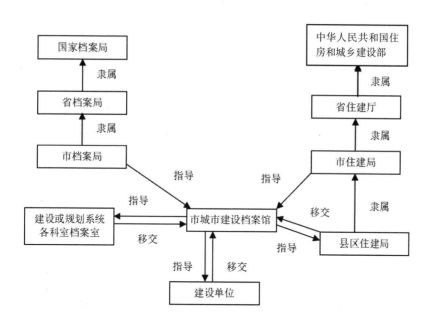

图 1-1　城建档案管理工作涉及部门之间的关系

第四节　城建档案管理面临的新要求

一、提高城建档案管理的数字化水平

数字时代的到来不仅仅为国家经济和社会的发展带来新的增长点，而且也给档案工作和档案事业带来了新的发展机遇。《中华人民共和国档案法》和制定的《"十四五"全国档案事业发展规划》中都有专门的内容对档案及其工作的数字化进行阐述，因此档案的数字化发展方向将会成为今后档案事业的建设重点，而对于城建档案管理而言同样如此。

随着相关数字化设备和智能化设备在众多城市中的部署，相关城市中每天形成的与城市建设和发展相关的数据也呈几何数量增长。并且，随着建筑行业数字化程度的不断深入，从设计图纸到设计方案等相关的文件也将大量地以数字形态存在。因此，随着城建档案管理对象也就是城建档案本身数字化的不断深入，城建档案管理的数字化水平也在不断地提高。数字化不仅仅只限于将已经形成的纸质文件通过扫描转变为图片或者其他可编辑和识别的方式，更重要的是实现整个档案管理流程的数字化。要实现城建档案管理的数字化，就要实现整个城建档案管理流程的数字化。

城建档案部门首先要协调各部门，建立规范的档案管理流程和标准，确保档案信息的采集、整理、存储、查询和利用等环节的规范化和标准化，其次要建立高效的城建档案管理系统，通过该系统实现对城建档案信息的自动化处理、智能化管理和网络化查询等功能，保证将分散在各部门的电子城建档案信息和数据高效地集中起来。同时在规范信息和数据格式等元数据方面，通过制定相关标准和规范确保不同来源的城建档案信息能够在同一个系统中进行管理和查询，以求进一步挖掘出城建档案信息的价值，为城市的规划、建设和管理工作提供更加精准和可靠的支持。

二、管理总量巨大的城建档案数据

随着一些城市数字化设备和智能化设备的配备，在推动城建档案管理数字化的同时，也使得城建档案信息产生的速度变快并且信息产生的范围也有所扩大。而随着城建档案信息体量的增大和信息产生范围的扩大，城建档案信息管理的数据体量也会随之增大，这在一定程度上增加了城建档案管理部门对相关信息管理的难度。此外，随着城建档案信息产生部门的增加，协调各部门的城建档案信息和数据并将真正有价值的城建档案信息和有关数据收集进档案部门的难度也会不断增加。因此，数据体量的巨大是大多数城市城建档案管理最大的特点，也是首先需要面临的问题。

城建档案管理数据总量的巨大，不仅仅表现在数量上，数据保存的格式也逐渐变得多样。相较于传统的城建档案馆中无论什么形式的城建档案信息都保存在纸质载体上，现阶段大量的城建档案都会以数字形态保存在数据库和相关系统之中，因此不同类型的城建档案的保管格式也是不同的。此外，城建档案的相关信息和数据往往不是直接源于档案部门，而是源于其他多个部门。在信息时代的背景下，拥有更多信息的组织将具有更大的优势，因此将城建档案进行有效的汇集是十分必要的。但是，无论是纸质时代，还是电子时代，怎样将如此大规模的信息汇集到档案部门依旧需要进一步探讨。

三、推动城建档案资源全面集成

城建档案资源全面集成是管理、利用工作的基础。这一要求是指应该归档的城建档案被完整、系统、及时地收集，主要包括城建档案实体集成和城建档案数据集成两个方面。

城建档案实体集成和数据集成作为两种不同的集成方式，分别对应着物理集成和虚拟集成。城建档案实体集成是指通过对城建档案资源归属和流向进行合理调整、针对移交机构与城建档案馆做好协调工作等多种措施，促进城建档案资源优化配置，从而使城建档案资源的集中管理得以实现。城建档案数据集成是指通过合理运用包括信息化技术、数据库技术等的现代化技术，在不对档案当前存储位置进行改变的基础上，推动区域性的城建档案信息共享平台和基础数据库的创建与完善，从而使城建档案数据的有效管理与共享得以实现。

实体集成和数据集成是解决城建档案资源管理问题的重要手段，有利于解决城建档案资源封闭性强、形成分散与智慧城市建设对城建档案资源利用综合性、多样性之间的矛盾。解决矛盾需要从技术方面着手，通过收集工作机制的优化与在线移交平台的构建，推进城建档案收集完整性的提升，促进城建档案数据资源与其他信息资源的集合，从而使"数据孤岛"被打破，实现各类数据的有效整合和优势互补。

四、强化城建档案管理高效集约

现代城市建设需要以信息技术为基础，打破"数据孤岛"，通过采集、存储、处理、分析、传输、共享各领域的信息数据，利用一体化的城市智慧管理平台及时交流各方面的管理信息。城建档案作为一种基础信息资源，需要提高管理效率，主要表现在满足利用需求与提高数据质量上。

首先，现代城市建设需要城建档案满足更多的利用需求。随着城市化进程不断加快，现代城市建设中公众对城建档案信息利用越来越多，并呈现出多元化的利用趋势。作为城市建设中直接形成的原始记录，城建档案包括诸多方面的城市建设基础信息，其中涉及建筑物、公用设施、地下管线、地形图等方面。例如，城市规划部门和执法部门在进行拆除违法建筑、处罚违法建设等城市规划活动时，需要城建档案馆提供建筑物的总体规划、征地文件和相关协议。建设、施工和监理单位在进行工程建设时，常需要城建档案馆提供最新的关于道路桥梁、地下管线的信息等。

其次，现代城市的建设需要城建档案提高数据质量。在智慧城市背景下，城建档案管理必须对质量可靠的数据进行有效利用，如此才有意义，因为利用低质量甚至错误的数据不仅会对工程建设进度产生影响，还可能严重影响工程安全。但是在目前的城建档案收集与管理中，仍存在由于收集不完整、管理过程粗放导致的数据完整性较差的问题。新一代信息技术发展促进了传统产业生产流程优化和设备升级，当前工程项目设计、施工数据等已经实现实时自动采集，必须采用云存储、云计算等技术对收集到的数据及时进行安全保管、深入挖掘及数据关联。也就是说，现代城市建设要求城建档案管理必须把握数据质量，为智慧城市建设提供优质服务。

五、满足城建档案管理智能化要求

信息是构建智慧社会最重要的基础因素之一。因此，档案部门所保存的档案信息作为社会组织中的原始记录对于我国开展智慧社会的建设具有十分重要的意义。但如果现今城建档案信息依然以纸质形态或者不宜开发的形态管理，那么将不利于城建档案信息对智慧社会的构建发挥出应有的作用。而要配合智慧社会的建设，城建档案管理也需要向智能化发展。对于现今城市的构建来说，要想更加符合城市在未来智慧社会的构建需要，城建档案管理的智能化是不能被忽视的。

智慧档案馆研究和相关智能技术的发展，以及许多档案馆在数字档案馆和智慧档案馆建设中的技术引入都是近年来档案领域的重要发展方向。随着城建档案体量的不断增大和数字化的深入，加强城建档案管理的智能化建设变得越来越重要。近年来，相关智能技术得到了档案部门的关注，也有许多档案馆在数字档案馆和智慧档案馆建设的过程中引入相关技术，实现了对档案信息的智能化分析和处理。因此，进一步加强智能化建设不仅能够实现对城建档案信息的智能化分析和处理，从而更好地挖掘和利用档案信息，从中发现城市建设中的规律和趋势，为城市规划、建设和管理的决策提供更加精准和可靠的支持，而且能够为智慧城市建设提供重要的信息支持。通过智能化建设，可以将城建档案信息进行高效的整合和共享，实现城市各个领域的信息互通和协同发展，同时，智能化建设还能够推动城市创新驱动发展目标的进一步实现，为智慧社会提供档案专业支持。

六、保证城建档案数据安全可靠

城市建设涉及政务、商业、民生等各个方面，这意味着关于城市建设的基础数据必须是可信的。城建档案中包含城市规划分布、建筑图纸、地下管线等一系列关系到城市建设和发展的数据，因此新时期的城建档案管理必须建立在安全这一核心理念之上。

城建档案的安全管理包括档案实体安全与档案信息安全两个方面。在传统环境下，由于信息以笔为记录工具被记载于纸张上，而纸张会随着时间的流逝因外部和内部因素老化，因此安全管理侧重于实体管理方面。而在大数据环境下，通过各种传感设备采集到的档案数据从形成起便是电子形式，因此安全管理更注重档案信息安全管理。

2021 年 9 月 1 日起生效的《中华人民共和国数据安全法》要求通过采取必要措施，确保数据处于有效保护和合法利用的状态。对于城建档案而言，就是要保证其数据信号不丢、技术环境不掉、证据价值不失和信息内容不泄。保障城建档案数据安全，建立完整可控的档案数据安全管理体系，要加快城建档案安全法律法规和标准体系建设，加强建档案人员和设备安全管理，引入多项安全技术，全方位地保障城建档案信息安全。

七、促进城建档案服务智慧多元

智慧城市建设背景下城建档案数据价值的释放不能仅限于在于被动地为来馆查档人员提供信息，更应该借助一定的技术手段主动挖掘城建档案中的价值。城建档案管理部门应当将信息数据交叉共享，并与其他数据进行关联分析，进而以积极主动的态度、多元化的服务方式把数据提供给利用者。只有这样才能使城建档案创造更大的价值。

首先，现代城市建设中诸多决策是通过数据分析挖掘得到的。这意味着相较于过去仅得到简单的信息，利用者越来越多地倾向于利用经过分析挖掘后所得出的具有系统性和综合性的结果。在智慧城市建设一体化的信息资源网络系统中，城建档案想要满足系统中每个利用者的需求，就必须将碎片化的信息系统化整理，提供综合性的服务。

其次，城建档案馆还应该以丰富的服务形式满足利用者对城建档案的需求。具体表现在依托城建档案智慧服务平台提供智慧化服务，优化城建档案数据的获取流程；在提供简单的进馆查询服务基础上，运用数据技术深入挖掘用户的利用目的，将用户进行分类，有针对性地提供城建档案数据服务；以用户需求为中心，依托手机应用软件（App）和微信公众号平台拓宽城建档案利用的服务渠道。

第五节　城建档案在城市建设中的作用

一、记录凭证作用

（一）城市建设的原始记录

档案是人们在社会活动中形成的保存起来以备查考的文件，档案是原始的历史记录，正是因为这点体现了它与其他资料的不同，也显示了它的原始价值。如果将档案限定在记录的范围内，那么，档案是原始记录；如果将档案限定在文献范围内，那么档案是原始记录性文献；如果将档案限定在信息范围内，那么档案是原始记录性信息。原始是档案的本质属性。

城建档案是城市建筑物、构筑物、地上和地下管线等各项基本建设的真实记录和实际反映，同时也是城市建设过程中直接形成的各种形式的原始记录，反映了城市建设的全貌。城建档案可以恢复和真实再现城建工作的过程，是城建工作的凭证与参考，城建档案的原始性构成了城建档案价值和管理的逻辑起点。

（二）城市建设的凭证作用

档案的凭证作用是由档案本身特点决定的。档案的原始属性决定了它的凭证作用。凭证价值是城建档案区分于其他城建资料最根本的区别，城建档案能够在法律层面提供凭证效力。城市的各类建筑物都有属于自己的一套完整的房地产权档案，这些档案包括土地的征用、审核文件、房地产发证登记、交易买卖、房屋拆迁等一系列过程中反映产权人、房屋状况与土地使用状况的信息。这些档案为相应的活动提供了使用权与所有权凭证，是相关法规的执行基础，是解决纠纷的法律凭证。

除了提供产权层面的凭证，城建档案也为城建各项活动提供凭证，可以作为日后的追责证据，如采购建筑材料是谁负责、采购过程如何、有无送检、是否有合格证明等都会在档案中有所体现，使用这些建筑材料是否依据指令、监理监督情况、检查情况、是否有调整与变更等都会在档案中说明。一旦日后在哪个环节出了问题，城建档案可以帮助相关人员找到问题所在以及成为相关负责人失责的证据。

二、经验参考和情报信息作用

（一）城市建设的经验参考

城建档案作为档案的一种，记载的内容大部分是城建相关的知识，体现了城市建设的经验。我们需要借助于这种经验使城市建设具有连续性和一致性，还需要依靠这些经验去制订城市建设、规划、管理等方面的一系列政策，依靠这些经验帮助处理社会各方面的问题。可以说城建档案就是政府治理城市最重要的基础之一。

城市的发展是一项极其复杂的工程，一方面其会受到资源条件、自然环境、历史情况等因素的影响，另一方面它又可以被人工干预甚至主导。这么复杂的工程自然不能由谁"灵光一现"进行，而需要大量的资料来参考规划，确保城市土地被合理使用，城市布局能合理分配，城市具体安排利于城市居民生活，城市部署能促进城市的经济和社会发展。这些工作都离不开城建档案的经验参考。后续随着时间流逝，城市建筑物的老化保养、日常维护、旧楼改造、老区改建等也都离不开城建档案提供相关信息。通过城建档案，我们能在原有基础上对其进行借鉴、修改或完善，保持城市建设的连续性和一致性。

在城市建设过程中，城建档案不仅仅是各相关部门工作协调进行的依据、项目工程交接不可或缺的一环，它还能帮助城市建设节约大量的人力、物力、财力以及时间成本。

（二）城市建设的情报作用

情报价值主要是从档案的内容、形式等方面分析其所包含的信息量，对其评价也会随着时间的推移而推移，即在不同的时期要用不同的标准来评价档案的情报价值。城建档案从内容上来看包含了大量的情报信息，这些信息可以提高对于当时城建的认识水平，同时作为对后期建设的重要支撑。

除了地上建筑，地下管线的管理也对城建档案有一定的依赖性。城市的地下管线工程档案是市政地下管线工程修建、改建与维修的依据，也是各项会牵扯地下的工程的必要参考信息。

此外，城建档案的情报作用还体现抢险救灾上。一旦城市遇灾，建筑物大量损毁、桥梁坍塌、交通中断，城建档案就成了人们抢险救灾、恢复城市的重要参考和情报来源。

三、历史文化承载作用

城建档案在城市建设与管理中发挥着重要作用，它不仅记录了城市建设的全过程，包括规划、设计、施工、运行等各个环节，是城市建设成果的真实反映，而且反映了城市政治、经济、文化等各方面的发展水平，是城市文化的重要组成部分。关于城建档案的历史文化承载作用，主要表现在以下几点：

其一，城建档案记录了城市的历史，如城市建筑的变化、道路的变化，旧貌换新颜的整个过程。

其二，城建档案记载了城市的文化。不同的城市有不同的地域文化，如上海的特色建筑——弄堂，其揭露了生活在弄堂里的上海普通市民的行为模式和思维模式，体现了上海多元和开放的地域文化。

作为城市文化最直观的展现，城建档案承载了一个城市的历史、文化和精神。城建档案是记录城市文化的重要载体，它不仅记录了城市变迁的整个过程，还保留了城市的文化精神、传统特色和价值观念。

在智慧城市建设中，城建档案不仅记载了设计师、建筑工人等城市建设者艰苦奋斗、勇于创新的精神文化，还记录了市政、交通等物质工程的建设过程。这些对城市独特而丰富的历史文化的形成具有重要意义，同时也对激发城市活力、推动城市发展具有重要作用。

因此，城建档案不仅是一份重要的历史资料，更是一份宝贵的精神文化财富，对于城市文化建设和发展具有不可替代的作用。

四、城市形象塑造作用

城市形象的塑造工作随着城市的发展越来越受到人们的重视，与城市形象相关的城建档案作为塑造、展示城市形象的中介物，具有重要作用。

（一）为城市形象塑造提供了参考价值

谈及塑造城市形象，首先是塑造一座城市的外部形象，如城市道路、建筑、基础设施的建设以及城市人文景观、自然景观的美化等。城建档案作为档案的一种，详细地记录了城市的发展规划和建设的过程，对这座城市未来的城建活动具有参考价值。如果在塑造城市形象的"硬条件"中出现任何问题，都可以去查询城建档案资源来进行及时的调整与解决。

（二）为城市形象塑造提供了历史文化价值

城市形象的塑造不仅包括城市的外部形象，还应该将城市所蕴含的历史文化与外部形象进行有机结合。城建档案在积淀城市文化的同时，也创新增值了城市文化。社会大众通过对城建档案有关资料的查询，使得整个城市的形象更加鲜明、鲜活，能够更好地展现城市文化，实现城市文化的增值。

（三）为城市形象塑造提供了新视角

城建档案记录着一座城市从无到有的全过程，包含了城市市政的规划，城市道路、建筑、基础设施的建设以及城市人文景观、自然景观的美化的全过程，这些档案资料不仅可以为建筑的复建、拆迁和修复提供凭证和参考，更是对城市形象的塑造有着重大的意义。大众通过查阅城建档案等材料来了解城市的整体形象和整体规划，这样后续的城市建设工作就能够与城市的形象保持一致，并为城市形象的塑造添砖加瓦。档案工作者们可以选择城市代表性建筑的相关建设资料进行整理开发，这样不仅可以使大众更加直观地感受到城市形象，还可以为其他城市的形象塑造提供参考。

（四）为城市形象塑造提供了新平台

城建档案中蕴含着大量与城市形象塑造相关的内容，同时城市形象的塑造也是城建档案管理的目的之一。城建档案部门为了更好地塑造城市形象，会有意识地将相关档案资源整合在一起，建立一个类似于数据库的平台并制订相应的管理制度，这样便于查找档案资源、进行管理。另外，城建档案部门也会将相应的开发成果展示在平台上，形成一个可以展示城市形象和文化的窗口，供社会大众观赏以更好地了解城市，对城市形象产生认同感，进一步推广城市形象；平台可供其他城建档案部门交流学习，共同促进城建档案的管理工作，更好地为城市形象的塑造提供助力。

（五）为城市形象塑造提供了新动力

在现代化城市的发展浪潮中，城市的形象塑造推动着城建档案资源的开发与管理，但档案资源的管理需要专业的人才、先进的技术和充足的资金。城建档案作为城市建设的一部分，其中蕴含着城市形象建设的全过程。在城市规划者为更好塑造并推广城市形象、建筑师们为建设更符合城市形象的建筑的时候，他们都会主动进入城建档案馆查阅具有凭证与参考价值的城建档案。只有利用档案资源的人越来越多，才能激发档案工作者管理相关档案的动力。而有了足够的动力将会推动国家和城市投入更多的人力、物力和财力来管理城建档案，以便更好地发挥出城建档案的价值。

第六节　城建档案管理信息化建设

一、档案管理信息化相关概念和理论基础

（一）档案管理信息化的相关概念

1. 信息化

"信息化"的概念最早源于日本。在我国，"信息化"一词在实施改革开放之后开始被广泛地认知。国家曾发文对"信息化"概念给出了正式的界定：信息化是指充分利用信息技术，开发利用信息资源，促进信息交流和知识共享，提高经济增长质量，推动经济社会发展转型的历史进程。这一定义使信息"灵活"起来，突出了信息交流、知识共享和转型，此定义更能迎合新时代国家的发展要求。

此外，还可以将信息化定义为：在一个多向循环体系下，充分利用信息技术，促进多边交流和知识共享，从而使决策更加正确的过程和结果。此定义比较符合信息化在教育方面的应用。

这里重点研究档案管理信息化的内容，所以此处的"信息化"基于广义角度，即把档案记录下来的数据和有关档案方面的政治、文化、经济等连锁信息加以记

录与整合；狭义视角即纯粹地把档案信息实现数字化。现阶段注重以档案管理信息化为契机加以有效开发，在全国的范畴内增强信息化沟通，提升档案信息化管理的效率与质量。

2. 档案信息化

具体来讲，可以基于以下层面准确地理解档案信息化的内涵：

第一，档案信息化是国家信息化发展战略在档案领域的具体体现。我国信息化整体发展的需求决定档案信息化的发展目标与内容及相关任务；档案信息化表示信息化在档案领域中的具体形式，因此需对国家的信息化发展战略进行绝对地无条件服务，基于战略整体规划架构进行档案信息化的有序开展。

第二，档案信息化是档案工作与信息技术手段的结合。基于数字环境，档案管理的目标是极大程度地使社会针对档案的相关需求得到满足，档案信息化追逐的目标是最大程度地采取数字网等先进的技术实现档案管理目标，这意味着由以往的档案管理业务转移至优化互联网环境。

档案信息化意味着借助信息采集、存储、处理的科学化技术，将实体档案条目信息转化为数字化与电子化档案，以便于归类管理以及提升档案管理效率。档案信息化建设的流程包括分类整理档案→档案交接→索引著录→档案拆分→扫描档案→处理图像→质量检验→图像和索引核查→案卷整理。

此外，关于档案信息化与档案数字化、电子文件归档、数字档案的关系（见图1-2）分析如下：

档案数字化，是指利用计算机信息技术手段等对传统档案进行数字化扫描，使之转化为能够存储的数字图像，并按照数字图像与传统档案的内在联系，建立起档案目录数据与数字图像关联关系的处理过程。也就是说档案数字化既是档案信息化的过程，同时也是结果，更是它的一部分。

按照《电子文件归档和电子档案管理规范》，可以将电子文件归档定义为将具有凭证、查考和保存价值且办理完毕、经系统整理的电子文件及其元数据管理权限向档案部门提交的过程。

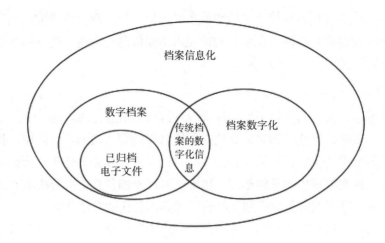

图 1-2　档案信息化核心概念之间的关系

3. 档案管理信息化

（1）档案管理信息化的概念界定

档案管理信息化指的是采取先进的科学化信息技术对以往的相关技术取而代之，相当于档案事业发展的总体态势，能够使档案事业的质量与效率得以提升，降低出错率；其目标是采取与有效运用成熟的技术与优化的基础设备设施，使各层级档案机构管理信息化的需求得到满足；优先加强案卷级与机读数据库目录的建设，促进传统平台数字化档案的建设，广泛关注数字文件与电子档案的归档与接收，构建健全、全方位体现以往与目前国家与社会全貌的数字化档案资源系统；深层次地介入各种类型的信息化系统中，深入分析提出资源与文件档案化的具体要求，使电子档案源头的稳定可靠性得到保障，同时切实提高管理的可信程度，增加可用的时间；推动信息化及档案事业各环节的深层次融合，最终使信息化变成提高档案管理能力、与时代发展需求相适应的基础方法。

（2）档案管理信息化的作用

一是提升查档速度和准确性。以往的查档方式需要档案工作人员在归档文件目录和案卷目录、卷内目录中纯手工翻阅，其查找效率低，易出错。在实行档案信息化管理之后，查档的效率得到了极大的提升，所查询的档案信息准确率也有了充分的保障。

二是促进节约环保和提高效率。在全社会大力推进生态文明建设的背景下，环保理念不断深入人心，无纸化办公已经在各党政机关、国有企事业单位普及，办公自动化程度日渐提高，这就使得传统纸质档案和办公自动化系统之间不能有效地衔接联系。在进行档案信息化之后，档案信息可以通过数字化、电子化的形式展现和使用，进而可以直接在办公自动化系统中利用，不但减少了复印档案所需的纸张浪费，还有效解决了传统纸质档案和现代化办公的冲突，为使用者提供便利。

三是方便档案远程传输和管理。传统纸质档案模式下，档案利用者需要通过相关档案管理部门查找后，再通过现场取件或邮件寄送的方式获取使用，这些给档案利用者带来了极大的不便利。信息化档案能够借助互联网通信及时将档案信息传输至档案利用者手中，在很大程度上节省了人力、物力、财力。

四是加强对实体档案的保护。传统档案为纸质管理为主，纸张特别容易受到外部环境如高温、潮湿、氧化、虫蚁的影响而破损发霉、减少寿命，手工翻阅查找也存在着破坏纸质档案的风险，因此传统档案管理很难做到档案的长期永久保存。而信息化档案的稳定性更高，受到外部环境影响小，有利于档案长期永久保存。

（3）档案管理信息化建设方法

数字档案室建设和数字档案馆建设是目前实现档案管理信息化建设的重要方式。

一是数字档案室建设。依据国家档案局发布的《数字档案室建设指南》（档发〔2014〕4号），数字档案室建设是一项系统性工程，包括基础设施建设、应用系统建设、数字档案资源建设、保障体系建设，需要机关档案部门、信息化部门、业务部门和保密部门共同参与实施。数字档案室建设应当遵循"资源为先，标准规范，整体推进，确保安全"的原则，统筹规划，积极实施，务求实效。

二是数字档案馆建设。依据国家档案局发布的《数字档案馆建设指南》（档办〔2010〕116号），数字档案馆建设是一项系统工程，需要经过调研、立项、论证、软件开发、平台构建、资源准备、系统试运行、项目验收、运行维护等诸多环节，需要各业务部门、档案管理部门以及其他相关单位的共同参与，是一项长期的工作任务。数字档案馆建设应当遵照"统筹规划、循序渐进，项目带动、重点突破，需求导向、保证安全，合理适用、稳步实施"的原则，积极推进，务求实效。

档案管理信息化建设的具体内容如表1-1所示。

表 1-1　档案管理信息化建设的具体内容

项目	具体内容
档案信息化平台	数字档案室、数字档案馆
基础设施建设	网络设施、硬件系统
标准规范建设	法规、标准依据与运用
档案信息资源建设	数字化、电子文件归档、其他信息收集
档案应用系统建设	OAS（办公自动化系统）、档案业务管理系统（收集、管理、保存、利用）、数字化系统、电子文件管理系统、检索系统、网站内容管理系统
档案信息化人才建设	沟通人员、管理人员、维护人员
档案信息安全保障体系建设	安全基础设施、应用系统安全、安全管理保障体系

（二）档案管理信息化的理论基础

1. 公共组织理论

公共组织是公共管理的主体，广义上指以管理社会公共事务、协调社会公共利益关系为目的的组织，它既包括政府组织，也包括第三部门组织。狭义的公共组织仅指国家机关组织。

在我国，由国家档案局主管全国的档案工作，负责全国档案事业的统筹规划和行政管理，县级以上档案局负责本地区的档案行政管理和监督指导。而中央档案馆和县级以上地方各级各类档案馆，负责收集、整理、保管、利用本地区范围内的档案。

长期以来，我国各地区的档案局和档案馆都是同一个机构挂两块牌子，实行一套人马局馆合署办公，在 2019 年党和国家机构改革之后，大部分地区档案局（馆）的行政职能划入当地的党委办公厅（室），并在当地党委办公厅（办公室）增挂档案局牌子，承担和履行本地区档案行政管理职能，地方综合档案馆则专职负责馆藏档案管理和信息化建设等。

2. 文件生命周期理论

文件生命周期理论指的是文件存在特定的生命周期，如表 1-2 所示，在各时期，文件在价值与地点及存储时间和服务对象等方面均存在显著差异。

表1-2　文件生命周期各时期的特点

生命阶段	现行阶段	半现行阶段	非现行阶段
保存地点	现行机关	机关档案馆	档案馆
价值特点	财务、凭证、法律、科技价值（原始价值）	原始价值逐渐衰减，档案价值逐渐增加	证据、情报价值（档案价值）
保管期限	未办理完毕	短期	长期和永久
服务对象	本机关	主体是本机关	整个社会

　　文件生命周期理论基础是以档案信息化管理为代表的电子文件，需要真实、完整、动态、安全的管理与保证需求。该理论对档案信息化管理从最初形成、过程管理、信息变更到最终保存的整个过程进行指导，确立了文件属性与管理主体之间的关联关系，也描述了档案信息化管理的动态演变过程。该理论对档案信息化管理实现了全貌、全过程的动态管理与控制，确保了档案信息化管理各个环节的高效运作以及不同环节之间的平稳过渡。

　　文件生命周期理论重点强调，档案信息化管理过程中的档案文件从开始生成、过程管理到永久保存是一个完整的生命周期；由于档案在信息化管理过程中出现状态变化、每个阶段的主要任务存在差异，将档案信息化管理划分为若干阶段，并对各个阶段的信息化管理特征、主要任务、变化规律、结果形式等进行描述；档案信息化管理的各个阶段的服务对象、服务内容以及内在价值存在对应关系。文件生命周期理论强调了档案信息化全过程管理，揭示了各个阶段管理主体与各个要素的内在规律性，为档案信息化管理部门或人员的全面理解、过程管控提供了理论基础。

　　3.公共部门资源管理理论

　　公共部门资源管理是指公共组织以创新群众为导向，以执行社会管理职责为主要目的，搜集、开发各种公共资源的一个过程。公共行政资源管理有益于公共组织搜集公共资源，关注社会状况，针对公共组织工作给予基本信息，有效开发设计公共资源，实现公共资源实际价值，合理安排组织集体利益，科学合理地运用公共资源，促进社会持续性发展。但是目前，公共部门的资源管理自然环境日益繁杂，社会治理主体多元化、社会团体多元化，行为主体与组织协作日益推进，将会增加公共行政资源管理难度。

因而，公共行政的资源管理是公共组织进行社会工作的前提，但同时也面临着诸多问题。档案是社会经济、政治、文化等方面发展的重要资源信息，档案监督是公共行政资源管理的重要环节，将直接影响公共事业管理主体活动。

4.新公共服务理论

早在20世纪七八十年代，西方国家政府需有效地面对比之前更为复杂烦琐的各种类型的公共问题与政府运行的环境，于是对于政府实现的行政职能提出严峻的挑战与极高的标准，西方发达国家掀起新公共管理的运动大潮，于是新公共服务理论应运而生。关于新公共服务理论，具体分析如下：

第一，新公共服务理论强调政府的职能是服务，利用符合时代要求的技术手段与管理方法，提升政府管理效率。例如，在档案管理信息化的践行过程中，利用计算机、网络、数据库等实现纸质档案的电子化、无纸化、网络化，利用现代化的技术手段提升政府服务效率与满意度。

第二，公共行政需以构建共享的集体公共利益思想、打造共享利益与责任为基础。新公共服务理论强调对公民集体服务的理念，将公民利益摆在行政管理的首位。例如，在档案管理信息化的践行过程中，面向具有档案查阅需求的广大民众提供服务，据此发挥好公共服务的价值与作用。

第三，新公共服务理论研究者指出以人为媒介加以有效地管理，公共组织与其积极参与的网络需基于尊重全部人加强合作，对领导权进行分享与运行，也就是说该理论强调重视人，而不只是重视生产率。例如，在进行档案信息化管理的过程中，需要引进和培育档案学、信息化、网络安全等专业的优秀人才，利用人才的集体力量创新档案信息化管理新模式。

综上，新公共服务理论从效率与公平的角度客观阐释了政府属于全体公民，政府的存在是要服务好广大人民群众的具体需求，如档案信息化管理为全体公民的共同利益负责，同时，新公共理论的影响下，广大公民具有选择和参与公共服务的权利，能够为实现档案信息化管理朝向民主化、透明化提供帮助。此外，新公共理论还强调公民参与档案管理的意愿。通过与公民之间的优化互动，能够推动档案信息的共享，进而提升档案信息化管理的效率与质量。

5.档案信息化相关理论

目前信息技术日益先进，极大地改变了档案管理对象，管理档案的相关理论也在承袭中持续发展，并不断提高创新水平且赋予新的时代内涵。除了上面的公共组织理论、文件生命周期理论、公共部门资源管理理论、新公共服务理论以外，还包括与档案管理信息化密切相关的其他理论（如档案有机联系理论、文件运动理论、档案价值理论），具体介绍如下：

一是档案有机联系理论：数字化档案间的关联能够以内容与结构等元数据为媒介进行表达。此理论揭示档案间存在一定价值的关联，对于人类全方位地掌握人文历史的过程将产生深远的意义。在档案管理信息化上，档案有机联系理论一方面将管理对象分为不同的环节与要素，对不同环节、要素赋予能够表征自身特性的准确描述；另一方面强调不同环节、要素之间的内在规律性，揭示现象与内在的对应关系。档案有机联系理论为帮助档案信息化管理人员深刻理解档案信息化管理过程中的要素特征、全局关系奠定了基础。

二是文件运动理论：揭示了文件由形成至销毁整体环节的社会规律，将档案价值的改变彰显出来。可将文件有效地划分成四个时期，第一个时期是产生与制作生命文件，即产生机构；第二个时期是现行，即现行的有效运用档案的机构；第三个时期是半现行，即机关档案室或文件中心；第四个时期划归至档案馆，即永久性地销毁或者存储。文件运动理论将文件基于时空运动的规律体现出来。

文件运动理论以数字化档案、电子文本等为对象，重点描述这些管理要素从形成、变化到消亡的内在规律性，与文件生命周期理论形成互补，也有区别。文件运动理论重点强调了档案管理信息化的践行过程中档案本身在不同阶段表现的特征与价值，反映了档案运动过程中各阶段的变化规律性；但是文件生命周期理论对于档案信息化各时期改变的规律性进行强调，而且还系统阐述了不同阶段之间的内在规律性。

三是档案价值理论：此理论表明档案存在使用价值与价值的双重性质，相当于为鉴定档案奠定理论方面的基础，同时相当于是文件运动理论与档案有机联系理论等理论的前提。

档案价值理论一方面强调档案本身的价值性，即档案能够对个人、单位的经历与变化进行充分具体的记录，便于后续查阅使用；另一方面强调档案的使用价值，尤其在档案管理信息化的践行过程中，注重信息化的技术与手段在增强档案管理便捷性、档案查阅快捷性以及档案服务的人性化等方面的作用。档案价值理论能够为档案管理信息化的践行过程中深度挖掘档案自身价值、档案管理使用价值两方面提供重要的理论支撑作用。

二、城建档案管理信息化建设的具体策略

（一）加强管理信息化技术发展，提高人员素质

1.加强信息技术发展与应用

科学技术革命是实现城建档案治理现代化的基础动力，也是实现城建档案管理信息化所迫切需要的新技术发展趋势。城建档案管理信息化建设通过加强信息技术发展与应用，从而提升城建档案服务水平。

第一，提高档案信息化重视程度。城建档案主管部门通过在不同时间节点开展宣传活动，包括在国际档案日、宪法日，利用各种载体宣传推广城建档案管理信息化工作的重要性，使全国各大社会团体、政府工作机构和公众了解到城建档案信息化将是未来的重要工作方向，并由此进一步增强自身对城建档案信息化工作的关注程度，并将城建档案信息化作为其长远工作计划。城建档案管理部门也应建立起档案知识库，进一步提高对档案信息化的认识度，积极吸收档案信息化知识，探索城建档案信息化路径。

第二，加大对现代档案科技与运用机制的创新性研究。通过实施现代城建档案管理，强化城建档案管理部门同社会各方利益相关者之间的协作，有效运用国际领先的信息技术资源，积极发展城建档案服务，并充分运用政府的在线服务技术和大数据分析背景，以应对城建档案数据的整合共享、开放利用等问题。

第三，加强信息安全建设。使用城建档案系统进行业务工作的前提条件是城建档案的信息必须安全。在互联网技术迅猛发展的今天，城建档案的实体安全与信息安全水平都必须提高，特别是在互联网时代，更需要提早规划，对实施城建档案管理的计算机网络设备、系统等进行制度规定，增强城建档案数字化信息系统的安全可靠性，为各机关单位实现与城建档案信息系统之间的互联、互通、互享提供有力的安全保证。

2.提高城建档案工作人员的素质

实现管理的高效化、规范化要依靠人才，实现技术的创新也要依靠人才。推动城建档案管理信息化发展，根本在于提高城建档案工作人员的素质。

档案信息化管理专业的业务人员能够对各类档案信息化管理设备设施的使用、管理进行掌握，并且具有较高的素质与服务意识，既能够结合城建档案管理信息化发展过程中的问题进行专业攻关，也可以根据不同用户在档案信息化管理过程中的问题进行耐心解答。组织和人员是构建服务型、智慧型档案管理结构的

保障，也是档案信息化管理的重要组成部分。因此，建议档案馆重视与加强组织机构设立、人才队伍建设，不断提升全馆人员信息化档案管理服务的专业素养与能力。针对专业人才队伍建设，需要重点关注以下几方面：

（1）完善城建档案人员信息化培训机制

针对现阶段城建档案信息化管理专业人才不足的问题，建议重视内部档案从业人员队伍建设，加大人才的教育与培训力度。在城建档案管理信息化践行过程中，管理人员应定期举办档案业务培训班，通过全区档案从业人员"苦练基本功，业务大练兵"的方式，进一步提升信息化水平，强化其城建档案收集、整理、保管等各个环节的业务能力，力求达到"人人适应岗位、人人精通业务、人人胜任工作"的目标。

①建立完善城建档案职业培训内容体系。推进城建档案管理信息化发展需针对基础知识加大培训力度，使员工掌握相关概念与产生的深远意义，学习相关制度、流程、方法等基本知识；同时，推进城建档案管理信息化发展需在业务实践方面做好培训工作，使员工能够采取信息化方法针对档案实现接收与存储及管理和有效运用的流程。此外，推进城建档案管理信息化发展需在计算机与互联网操作等方面进行培训，增强相应的认知，采取现场进行演示及实地加以指导的方式，切实提高员工的实践水平。

②丰富培训形式，提升培训效果。按照城建档案信息化管理人才岗位特点及专业知识掌握程度，分别采用集中培训、小组交流、经验分享等多种培训方式，满足不同专业技术人员的培训需求。例如，集中培训能够在全员参与的基础上，对档案信息化管理的共性专业知识进行讲解。考虑到集中培训往往存在着针对性不强的问题，也可以采用小组讨论、经验分享会等多种途径，小范围地对个别环节进行专门培训，提升参培人员兴趣，保障培训效果。

同时，为了加强城建档案信息化管理的培训学习效果，可以在城建档案系统内构建沟通的载体，定期进行组织与协调，通过相关载体有效地收集档案信息化管理存在的问题，并积累相关的经验，有的放矢地培训相关业务，有效地解决相应的问题，普及与推广优秀做法；可选择员工前往先进地区进行沟通，优化管理思想且丰富实践经验。

（2）培育档案信息化管理综合性人才

人才相当于至关重要的建设源，为使城建档案信息化管理得以持续发展，城建档案管理部门首先要树立整体、动态的人才观。在充分挖掘档案馆内部专业人才潜力的同时，采用外部招聘（尤其是应届生招聘）的方式，引进专业人才，实现专业互补。通常而言，通过专业人才引进、聘用第三方专业人才等多种途径，能够有效解决城建档案信息化管理过程中缺失专业人才等问题。在培训与选取及运用和评价档案信息化管理人才时，需遵循德才兼备原则；在制定人才职业生涯规划时，要结合本地实际情况，以群体架构为着眼点，充分发挥人才团队的优势作用。

这些亟须的专业人才既可以通过校园招聘、社会招聘的方式从档案馆外部引进人才；也可以从档案馆内部从业人员中优中选优，选择能够适应岗位需求的内部人员，进行选拔与重用。尤其要加强对城建档案信息、计算机技术、管理理论等综合人才的选拔、引进与培养。在通过外部招聘引进专业人才的过程中，需要严格把关，既要注重专业人才既有的知识背景能够满足城建档案管理信息化的实际需求，又要充分考察拟招录人员潜在的学习与业务能力。招录城建档案信息化管理员工时，需考虑到专业等相关情况，以机构需求为依据，在专业上加长短板，从而构建一支有机结合档案管理、法律等专业的人才团队。

3. 积极交流，达成共识

档案部门在各个单位基本上都处于末端部门和弱势部门，因此各个单位的领导不可能对每个细节都面面俱到。作为城建档案管理工作者应主动承担自己的职责，不仅做好本职工作，更应该让大家了解城建档案的重要性；积极与主管部门交流，让行政主管部门能够认识到城建档案管理的重要性，以及我国城建档案管理信息化的态势和本地区城建档案信息化建设的现状与其他地区的差距与亮点，积极争取行政主管部门的支持。积极与相关协作单位交流沟通，了解问题纠结点，在目标方向达成共识，存异求同，协同发展。

（二）探索推进信息化管理制度建设，完善管理体系

1. 建立档案信息化管理制度

以制度为保障大力推进城建档案信息化管理工作。根据新修订的档案法及其实施办法，城建档案管理部门应及时建立符合其实际的管理制度。

一是建立城建档案安全管理制度。在城建档案信息化管理中，旧的纸质档案安全管理制度已经难以适应在现代信息化手段下开展的城建档案管理模式，所以必须针对当前信息化条件下的城建档案安全管理风险和漏洞进一步完善城建档案信息化安全管理制度。

二是建立城建档案信息化管理责任体系。在日常的城建档案信息化管理中，必须有明确的责任体系，分工合理、责任清晰，实行专人负责制。可设置部门档

案信息化管理专员和确定档案信息化工作分管领导，由领导负责城建档案信息化的安全保障工作，同时要注意城建档案信息化管理责任人员的安全教育并加强相应人员的风险防范意识。

三是制订关于城建档案常态化工作的规范制度。规范制度主要是对城建档案管理工作进行日常规范指导使用，例如，制订实施纸质档案数字化加工操作规范、电子档案接收进馆管理细则等。

四是建立城建档案管理部门的电子档案归档制度。创新将部门档案年度归档方式由传统"双套制"归档变革为电子档案"单套制"归档，不再要求纸质文件档案归档，通过小范围开展试点的方式，待"单套制"归档制度完全成熟以后，全面铺开推广，进而快速地、大幅地提升城建档案信息化管理水平。

2. 明确职责，完善信息化管理体系

目前部分地区的城建档案信息化建设还处于起步阶段，存在管理方式分化、制度不够完善等方面的问题。从长远来看，制度障碍不利于城建档案管理信息化的发展。因此，想要完善体制机制就需要自上而下积极沟通协调，加强部门联动机制，明确各业务处（室）分工，完善当前城建档案信息化管理体系，推进城建档案信息化建设。

一是明确职责。一方面，城建档案资料信息管理者要明确自己的工作职能，做好城建档案信息化管理整体规划，根据工作发展的需求提供优质的服务；另一方面，要保障技术服务功能，不但要着眼于日常业务工作中的日常维护和更新，还需要"以需求为导向"，在技术与管理方面下功夫，提升整体管理能力。

二是落实制度。认真贯彻落实城建档案管理部门出台的管理制度和技术要求，提升档案管理信息化建设执行能力。为提高城建档案管理信息化水平，需要建立统筹协调、职责清晰的管理体系，尤其是要依据各个部门的工作职责、工作方式采取有效的管理方法，有效落实相关制度。

（三）加强档案信息化体系建设，完善工作流程

1. 完善档案信息化体系设计

城建档案管理部门在档案信息化建设中，要完善信息化体系设计。可发布征集档案信息化使用公告，拓宽档案信息化建设渠道；也可对单位现有的各类系统做好全面的统计分析，运用计算机知识，做好新形势下城建档案信息化管理工作。因此，城建档案管理部门在构建信息化系统时应注意以下几个方面：

①保证信息准确。在采集城建档案信息时缺乏明确的层级和标准会影响信息的准确性。因此，应根据数据采集的内容、规模和方法来创建城建档案数据采集系统。明确城建档案数据采集负责人和采集流程，识别数据采集渠道，保证信息的准确性。

②设立档案系统使用权限。城建档案系统具有一定的保密性，在使用系统时要根据用户分别设立使用权限。要任命一名最高权限的管理员，根据用户不用的需要和等级分别设置使用权限，避免数据被泄密，保证城建档案存储的安全。

③增强资金和管理投入。城建档案管理工作做得好才能够真正起到围绕中心、服务大局与塑造良好城市形象的作用。按照现在时代发展变革的趋势，档案信息化管理工作已经撑起了日常档案管理工作的"半壁河山"，未来还将继续走向现代化、科学化、系统化，城建档案管理部门有必要加强对城建档案信息化管理的重视程度，增加对城建档案信息化管理资金和管理资源的投入。

一方面是加大专项资金投入。实现城建档案信息化管理需要大量资金的支持，软件平台开发需要大量的人力、物力成本，开展纸质档案数字化扫描工作也需要花费一定的资金成本，再加上后期的城建档案信息化管理系统的日常运维和管理，都需要配套的资金投入。另一方面则是加强管理资源的投入。除了加大资金投入外，城建档案管理部门还需要将领导层面的管理资源与日常管理的侧重点向档案信息化管理工作倾斜，进而提高各级城建档案管理部门对档案信息化管理的重视程度。

④做好设施设备保障工作。城建档案管理部门在加大档案信息化管理资金投入的基础之上，还需要同步做好城建档案信息化所需设施设备的更新保障。

一是计算机软硬件设备的完善。计算机软硬件设备在城建档案信息化管理过程发挥着不可替代的作用。按照数字档案资源的特性和特点，在硬件设备采购中，需要选择储存容量较大的专用服务器。

同时，为了确保城建档案信息化管理过程中的查询利用速度，查档专用计算机的中央处理器和随机存取存储器等都要尽量选择使用性能好、容量大、运行快的零部件，避免工作使用中出现卡顿和一些不必要的麻烦。在进行城建档案信息化管理软件开发时，城建档案信息化管理软件建设业主单位应要求软件公司结合城建档案管理部门使用的办公系统开发与其相配套的数字档案管理系统。

二是城建档案信息化管理的网络速度和平台的保障。单位网络管理员要根据城市建设实际，使用独立的带宽网络提高数字档案管理系统的网络运行速度，并保障其网络安全稳定。而开发公司的网络专员要根据城建档案管理部门的工作职责，差异性、多元化地搭建专门的城建档案网络管理平台，提高其档案查阅利用效率。

三是其他城建档案信息化管理配套辅助设施设备的配置。主要是指与计算机配套的打印机、扫描仪等辅助设施设备的建设，能够为实现城建档案信息化管理过程提供必要的服务和保障。

2. 完善城建档案信息化工作流程

信息采集是城建档案管理工作的基础，只有全方面采集城建档案信息，才会实现城建档案存储最全面、管理最优化、利用最大化的目标。为了完善城建档案信息采集工作，需要做到以下三个方面：

（1）完善城建档案信息采集整理工作流程

首先，要做好城市建设各类档案资源的采集和整理工作。城建档案管理工作的重要部分就是整理、归类所有文档。为了推动城建档案管理信息化发展、提高数据采集的效率，各部门要按照要求提供城建档案材料，城建档案管理部门则负责分门别类地做好整理。

其次，要推动城建档案信息化建设可持续发展。随着科学技术的发展，采集城建档案数据的方法变得更加便捷高效，许多以前无法完成的任务现在可通过技术方法来完成。因此，城建档案管理部门要借助现代发达的信息科学技术开展城建档案管理信息化工作，拓宽档案数据采集渠道，将城建档案数据采集工作向更深、更广的方向拓展。

（2）优化城建档案信息化系统工作流程

随着城市建设信息化进程加快，在城建档案管理信息化的发展过程中，城建档案管理部门需要注意更新和维护重要的软件和硬件，安装全区域档案管理系统客户端，及时与上级城建档案管理部门沟通协调，维护软件的使用。城建档案信息化硬件设备则需要按照城市建设规划管理条例相关要求进行管理，如已经达到报废年限且不具有使用功能的设备，应申请处置并及时更换新设备。

不同业务部门提供的文档范围和提交时间不同步，这也是城建档案管理缺乏主动性的一个重要因素。城建档案管理工作要基于整体城建档案资源的生成和分配开发特定的归档系统，以便定义有关归档文本数，建立归档时间表和提交质量要求，以便不同的业务部门可以依照规定执行。城建档案管理人员可根据工作需要为业务部门提供操作和技术指导，简化业务部门归档工作压力，以便及时、有效和高质量地完成工作。

（3）做好城建档案信息化保密工作流程

城建档案管理部门需要明确城建档案管理保密制度中保密工作的范围，创建城建档案管理部门档案保密性的层次结构，有效地节省城建档案管理部门的管理资源。一般来讲，城建档案密级应分为三个级别，分别是绝密、机密和秘密。城建档案管理人员根据每份档案的密级和保存年限在信息化系统上选定范围，系统根据不同的任务模式进行定义和分配，并做好维护和检查任务。因此，信息化建设既提高了城建档案保密管理工作的效率，又增强了城建档案管理的保密性和安全性。

（四）推动档案数字化建设，实现信息化定位

推动档案数字化建设是一种顶层设计，其中信息化建设、数字化平台的建立、相关法律的确立在某种意义上虽然不是城建档案管理机构机关所能涉及的领域，但这种顶层设计对于解决城建档案管理中实际面临的迫切问题却有着重要的自上而下的作用，城建档案管理机构需要这样的改变和支持。

信息化条件下城建档案管理的信息化定位是把信息化作为档案管理的手段，而非目的。档案数字化也不是信息化的目的，而是实现信息化的手段。信息化不是单纯建立一个或多个信息化利用平台，其本质无论如何都是为了做好档案的管理，为档案服务对象提供便利。

1.提升档案数字化率，完善信息化建设

开展档案信息化建设的基础是实现档案数字化，为此制订一个合理的档案数字化计划是十分有必要的，这有利于推进档案数字化工作有针对性且有序的开展。

其一，梳理存量档案中纸质档案的使用率，同时考虑档案的类型、年份、数量等因素，制订出存量档案数字化的计划。这里要指出的是，数字化应该以利用率最高的档案类型为最优先考虑的因素，其次是同类型里使用率最高的年份。以这样的思路来实现档案数字化可以在一定程度上减轻数字化过程中档案管理与服务的"镇痛感"。

其二，改善原有数据库对电子文件挂接的兼容性。大多数原有数据库只能使用 TIF 格式下压缩为 GROUP 4 的文件，这显然不能适应如今日益增加的数字化档案的格式。增加电子文件挂接的兼容性，使多个文件格式可以在该数据库下并存、使用，这样可以大大增加档案资源的使用面。

其三，增加数据库中档案查询的深度。检索关键信息不应只停留在归档材料

的档号、许可证号、项目名称、建设单位名称上，更应该深入卷内目录的文件中去。现阶段关于数字化档案全文搜索功能的实现暂时不予以考虑，但至少应该要率先实现检索关键信息"一次搜索"可至某个档案的卷内目录中的文件位置，这样可以大大提高城建档案的查询效率。

其四，升级原有数据库的查询利用模块。僵化的查询利用模块是阻碍原数据系统使用的"老大难"问题，想要推动城建档案管理的信息化建设，必须先打通这道环节。档案馆可以借鉴第三方成功经验或者直接引入能够签订保密协定的第三方服务，以求有效解决这一问题。

其五，实现在离开服务的脱机状态下电子目录和数字化档案相互关联。由于一般数据库只有两台单机直连，且由于档案编制的关系，时常呈现出两台都在使用录入的情况，所以脱离数据库的高效查询方案就十分有必要了。档案馆可以开放目录导出接口实现简单电子目录的导出，以高效地配合文件级的数字化档案使用，满足日常的档案利用工作。

其六，建立城建档案数字化利用平台。在实际工作中，这里可以提供两个思路。一是建立一个全新的档案利用平台，直接依靠该平台为公众开放档案利用服务，这样做有一定的后发优势，可以建立更新、更高效的查询利用系统，但相对的成本会更高，现有资源的利用率也会较低；二是通过"一网通办"建立查询窗口，打通该查询窗口和"在线审批系统"及即将落地的"一键归档"平台的查询端口，让公众通过"一网通办"查询窗口提出申请，并提交审核资料，经由城建档案管理机构审核材料和查询检索内容为公众提供查询服务。这样做的好处是可以有效利用已有的数据资源，并且相对成本较低，但对于日后系统的更新升级会带来一定困难。

2. 强化档案关联性，完善信息化服务平台

如今主要使用的信息化服务平台是工程建设项目在线审批系统，其中还有不少可以改进之处。

工程建设项目在线审批系统主要是实现建设项目全流程管理的审批系统。城建档案管理机构需要经常使用到里面的查询模块来确认项目进行的阶段，以确保可以为竣工档案验收做体验预验收的服务。而该系统的查询模式也存在纸质档案中各业务档案关联性差的问题亟须解决。这里提供一种思路，城建档案系统的检索查询模式不能仅以单一的项目编号、项目名称等作为检索关键字，而是应该可以复杂搜索、查询。此外更重要的是，当检索到一项内容后，里面所显示的文件

内容应该要有可点击直接进入该文件所涉及的其他档案内容的链接,形成跨业务、跨部门的档案信息共享,打通部门间的信息壁垒。

3. 强化云技术创新驱动的发展优势

云技术在城建档案管理信息化发展过程中的运用,尤其是在庞大的城建档案数据的信息存储系统、存储架构、存储安全等多个方面意义重大,主要用于解决数据叠加和查询难题等。

一是在存储系统层面,云服务平台能够统筹管理数据传输规范、数据处理方法标准及信息共享水准,为城建档案信息化统筹规划的井然有序提供参照。

二是在存储架构层面,引进云服务平台,可以为集成化验证平台、支撑平台和系统软件提供三层存储架构,满足城建档案管理工作的要求。

三是在存储安全层面,云计算技术能够为虚拟化技术大数据中心和云环境提供虚拟化技术认知维护。

总的来说,云服务为数字化城建档案数据的保存工作提供了有效保障。为了使数字化城建声像档案能够被方便查询,应该将它的数据文件结构化。云技术的应用可以避免城建档案数据资料在转移至数字系统时发生失误问题产生数据遗漏或缺失。

4. 做好异地保存

对于城建档案数据的异地保存要做到"灵活机动",要结合本地城建档案管理机构的实际情况,参照实际的档案规模来思考解决方案,不应仅仅局限于花钱买服务的层面。

鉴于当前大多数城建档案馆的建设规模和组织架构,可以发现想要实现第三方企业级的数据异地保存相对困难,但依然可以开拓思路,实现一定程度上的异地保存。

思路一:由于一些地区的城建档案馆与规划和自然资源局本部是分开办公的,因此可以通过数据备份的方式将一份档案数据备份保存在规划和自然资源局本部,以实现成本最低的档案数据异地保存服务。

思路二:因为大多数档案库房的规模限制,城建档案馆可以通过购买第三方的档案保管服务以存放使用率最低的土地档案。在这个服务中,完全可以增加一条服务:以档案数据复制件的形式定期把备份数据交给第三方档案保管机构一并保存。

5. 尝试数字化外包、档案众包，完善馆藏档案

现阶段档案数字化主要依靠省、市城建档案馆的数字化工作来推进，但由于各县区的数字化工作都集中在那，因此整体进度会显得相对缓慢，时常需要排队很久才能实现一部分当年的数字化。对此，需要寻求新的途径来改变这一现状。

途径一：在省、市城建档案馆将档案数字化标准明确的基础上，寻找可以签署保密协议的第三方档案数字化机构，并且要确保第三方具备档案数字化的数据和本馆数据库挂接的能力。那么在这基础上，开展第三方档案数字化管理就变得可行了。

途径二：通过立法规范来实现西方部分国家推行的档案众包服务。其思路是通过某个组织或个人对对应档案馆档案的利用作为附加条件，其在利用过程中也需要对档案本身服务，如档案的整理、编制、数字化等工作，以实现一种档案利用和档案资源建立的"双向奔赴"的模式，即某一方使用了相关档案以实现其目的和价值的同时，也推进了档案数字化的进程，简单地说就是我给你用档案，你在使用过程中替我完成数字化。其中优点在于社会中有大量的资源可以为档案服务，同时也可以利用档案资料为社会创造更多价值；而缺点在于档案众包服务的对象其本身的档案专技水平参差不齐，很难切实高效地实现这种双向互惠的模式。可即便如此，依然有尝试的价值，只有不断寻找更好的、交互式的切入点，才能更好地实现社会资源的整合，以一种更低的成本、更高的效能来实现城建档案管理工作。在这个过程中，还可以进行新的标准化的探索。

第二章 现代城建档案管理现状

城市建设百年大计，城建档案是城市在规划、建设、管理、经营过程中形成的有价值的文字、图表、电子、声像等资料，是城市建设的真实记录和历史依据。在信息化快速发展的时代背景下，我国的城市现代化建设取得了辉煌的成就，现代城建档案管理工作也成效显著，同时不可避免地暴露出一些问题。本章围绕现代城建档案管理取得的成效和存在的问题展开研究。

第一节 现代城建档案管理取得的成效

一、管理层面

（一）城建档案管理机构方面

1. 城建档案馆数量增多

随着我国经济和社会的发展，各大、中、小城市建立了城建档案馆。在这样的背景下，城建档案管理机构从各级综合档案管理机构中分离出来，形成了集中管理背景下的分散管理。20世纪80年代初，国家为了适应城市化的发展，提出了"大、中城市应以城市为单位，建立城市基建档案馆，集中统一管理城市基建档案"，由此确立了城建档案行政上受住建委或城市规划部门领导，业务上受城建档案馆领导的双重领导机制。目前，随着我国经济的快速发展与城市建设步伐的加快，绝大多数地市级以上的城市均建立了城建档案馆，部分县级城市也有城建档案馆的设立，我国的城建档案事业取得了进一步的发展。

2. 工作人员结构优化

城建档案管理人员是城建档案安全保管与提供利用的主体。根据《2021年度全国档案主管部门和档案馆基本情况摘要》，在我国档案事业专职工作人员中，博士研究生有 108 人；硕士研究生有 2672 人；大学本科学历的有 27512 人，占总人数的 66.5%；具有大学专科学历的 8410 人，占总人数的 20.3%，这为我国城建档案事业的健康发展奠定了良好的基础。

（二）管理模式方面

1. 管理成本下降

在大数据及云计算技术、"互联网＋"技术、5G 通信技术等人工智能技术快速发展的背景下，不同城市区域、企事业单位的城建档案管理也开发出数字化网络云服务的管理系统，进行传统纸质化城建档案的扫描、录入、筛选分析与存储管理。因此，数字化、云服务化城建档案管理模式的实施能够大大减少以人力资源为主的档案管理工作量，削减与降低档案管理的人力、物力、资金成本，使得不同企业利用文档扫描仪、电子录入系统进行不同类别城建档案的自动化、智能化管理。

2. 管理流程革新

数据环境下，传统行业业务流程与技术的革新导致多种异质数据的形成，此类问题推动城建档案传统管理模式向在线接收、在线归档、自动整理、安全保存与智能提供利用的智慧化管理模式转变。目前，全国许多城建档案馆都在积极探索电子城建档案管理新模式，利用先进的管理系统为城建档案管理节省大量的人力、物力，提高城建档案管理效率和服务能力。

3. 档案存储空间升级

传统城建档案管理模式一般以纸质档案或声像档案为载体记录城建档案信息，这种方式人工投入大、维护成本高，实体档案还需要依托足够的库房空间进行存储。随着城市化发展不断加快，建设工程产生的城建档案体量日益增多，传统的城建档案管理模式难以满足城市后续发展的需求。通过城建档案信息化资源建设，将城建档案信息载体由传统的纸质、声像等实体档案转变为电子档案、数字档案，档案所需存储空间由成百上千平方米的档案库房优化成数块硬盘，甚至通过云服务形成网上云空间，从根本上对档案的存储模式进行了改革。

二、服务层面

（一）城市建设服务方面

1. 为城市建设管理提供依据

有了城市，就必然有与之相应的城市规划和建设，城建档案也就随城市建设而产生。随着城市化进程的不断加快，城市数量迅速增加，城市功能不断完善，城市规划、建设和管理已迈上新的台阶，作为城市建设活动直接和真实的反映，城建档案起到了经验积累的作用。

城市中林立的高楼、纵横交错的道路、密如蛛网的地下管线、复杂的轨道交通等，要保证这些城市设施的正常运行，须加强城市的科学管理，而城建档案为城市的科学管理提供了信息支撑。城建档案在城市建设中产生，服务于城市建设管理，只有科学运用城建档案，才能更好地对城市进行科学管理，避免造成浪费和损失。因此城建档案为城市建设提供保障，是提高城市管理水平的重要依据之一。

2. 成为智慧城市建设的有力推手

伴随网络信息技术的崛起，包括大数据、云计算、物联网及区块链等在内的新兴技术越来越受到社会的青睐和应用，其在无形之中也改变着城市的发展方式，城市建设开始倡导"智慧城市"的理念，即利用数字信息化技术适应城市未来需求。从城建档案层面来看，"智慧城市"将成为未来的趋势，而利用好城建档案可以加速这一进程，利用大量的信息数据资源既可以支撑城市数字化发展，又能够建立适应自身的信息资源库，简化城建档案的管理流程和丰富管理方式，使档案信息能够获得全方位挖掘。另外，利用现代的遥感技术、定位技术、GIS 系统（地理信息系统）及虚拟现实技术可以使城建档案运用方式更加多元化，为智慧城市目标提供积极助力。

（二）社会服务方面

1. 服务对象拓展至社会各界

城建档案产生于城市建设的各项工作中，因此，为城市建设各项工作服务是它的本质。它服务于城市建设、服务于社会各界。城建档案是重要的城建信息来源，是真实的历史记录，它能为人民群众提供法律凭证及依据材料，切实维护广大人民群众的切身利益，同时为社会各界档案利用者节省时间、提高工作效率、节约经费。

近年来，城建档案信息化建设不断加强，各地城建档案馆加快了城建档案信息提取的进程，建立了城建档案数据库，实现了信息共享，为城市建设提供了必要数据、为有需要的人民群众解决了实际需求，明显提高了服务水平和服务质量，合理利用了城建档案资源，提高了城建档案利用工作的效率和水平。

2. 助推公共秩序更加规范

城市居民是城市里的主体，城市居民的日常生活和工作都与城建档案有着密不可分的关系，城市的住房、交通、水电气热等设施建设最终都会产生特殊的城市档案，对这些设施的日常维护与管理都离不开城建档案。为了给城市居民生活和工作提供良好的保障，就需要用科学发展观去构建完整准确的城建档案，依照城建档案进行新设施的建设和原有设施的维护，避免建设和维护过程中给有关基础设施造成损坏，保证城市永远处在一个健康的发展状态，使城市公共秩序更加规范。

3. 为学术研究提供资料

开展城市研究不仅仅需要城市发展现实情况的调研，更需要对一个城市建设历史变迁情况的纵向把握，以便探索一个城市发展的历史轨迹和发展规律。城建档案包含一个城市从过去到现在建设发展的各个方面的情况，能够为城市研究提供不同时期城市发展的相关资料，因而对城市的学术研究具有巨大作用。

城市发展和建设的资料及数据通常被记录在城建档案中，它是人们获取城市规划、建筑设计、人文环境等诸多方面资料的主要平台。实现城建档案资料和数据管理的信息化可以为相关科研人员提供更多有关城市建设的资料。实现信息化管理并对现有城建档案资源进行科学的分类，有利于研究人员整合所有资源并归纳总结，为之后的城市发展规划提供数据和参考。城建档案的信息化管理既可以提高搜集资料的效率，又可以为相关管理工作人员和科研人员利用城建档案资料提供便利。

三、行业发展层面

（一）推动中国档案事业发展

中国档案的发展需要各个城市档案的建设、治理与发展。中国档案事业的治理现代化需要每一个城市档案治理的现代化发展。作为中国档案事业发展的重要部分，城建档案立足档案强国，推动档案治理现代化对整个中国档案事业发展具有巨大的推动作用。

（二）有效提升城建档案的完整性与可靠性

城建档案的信息越来越多，随之而来的是相关数据的不断增加。因此，要想做好相关资料的管理并保证数据能够被有效存储，与之相关的档案管理工作就必须做好。

传统的城建档案管理的步骤是档案的编辑人员先对城建信息进行挖掘、编写，再将纸质档案进行保存。在这个过程当中，由于城建信息的开发极具难度，在信息录入时很有可能会遗漏掉某些重要的城建数据，进而影响城建档案信息的完整性。在纸质档案的保存中必须做好一系列的防护工作，如防潮、防火、防虫害等，否则可能会造成信息的缺失，严重影响档案信息的完整性和可靠性。

城建档案的数字化管理能够对上述问题进行有效处理，可利用数字技术提供相应的解决方案。在档案的编辑和录入方面，利用计算机数字技术可以分类整理众多城建信息并找出有效的信息数据，不仅可以高效地完成城建档案的开发和录入，而且可以进一步提升信息的准确度。在档案的保存方面，数字化管理依赖的是虚拟载体，不需要对其进行一系列的物理防护，可以有效减轻档案防护工作的压力，提高档案的保存质量。

第二节　现代城建档案管理存在的问题及原因

一、城建档案管理存在的问题

（一）软硬件配套设施问题

城建档案服务在档案整理编制、档案验收收缴、档案存放保管、档案查询利用的整个过程中都离不开各种硬件的支持，有部分档案馆现阶段所拥有的硬件配置仅能满足较为传统的档案服务，无法适应信息化服务的需求。贯穿档案服务的过程，硬件配置不足对档案服务影响较大的主要有以下两个阶段：

①在档案整理编制阶段，城建档案需要整理大量的建筑图纸和文件，由于缺少图纸折叠的自动化设备，只能使用较为传统的人工折叠的方法来整理，导致效率较低，使得图纸折叠成了影响城建档案编制进度的一大瓶颈。而缺乏高速的工程图纸扫描设备，提高了档案数字化利用的时间成本，影响了数字化归档进度，也在一定程度上降低了图纸数字化利用的效率。

②在档案存放保管和查询利用阶段，由于上级档案馆建立的数据库并不包含管理利用模块，导致下级档案馆始终缺少一个档案管理服务系统，无法实现一个类似于图书馆入库、借阅系统一样的高效档案管理系统。

（二）制度问题

1. 开发制度不完善

开发制度有待进一步完善主要体现在以下两点：

第一，开发制度过于宏观，缺乏针对性。无论是国家政策法规还是地方政策法规，虽然对城市形象构建方面的内容有所涉及，但都缺乏针对城市形象构建视角下城建档案开发的开发制度，甚至连关于城建档案开发的规章制度也只是在某一章或者某一条有所涉及。例如，天津市城建档案馆和贵阳市城建档案馆缺乏与城建档案开发相关的法规政策，只对城建档案的开放与利用做出相关阐述。

第二，部分开发制度陈旧，缺乏指导性。从调研结果来看，《关于加强和改进新形势下档案工作的意见》修订于 2014 年，距今有 9 年多的时间。随着时代与技术的发展，社会对城建档案工作的要求也发生了变化，有些开发制度对如今在城市形象构建视角下城建档案的开发工作并不适用，缺乏指导性。

2. 城建档案管理制度不完善

当前我国城市经济持续发展，城建档案的数量激增，与以往相比，内容更加复杂化，这对城建档案管理制度提出了更高的要求。但是因国内城建档案管理工作起步较晚，管理工作的规范性差，分析其原因，一方面是城建档案管理部门以及相关管理人员没有正确认识到城建档案的重要性，城建档案管理部门并未发挥自身的监管作用，负责档案管理的工作人员在具体工作中缺乏按规章操作的自觉性，导致档案的收集、管理工作不规范，甚至还存在部分工作不完整等严重情况；另一方面是城建档案管理工作人力、管理技术方面投入资金不足。上述这些因素都会对城建档案管理工作高效有序进行造成制约。

通过对现行城建档案管理工作的实际情况来看，档案管理人员从工作重视度及具体工作职责要求都存在一定的不足。这些不足体现在复杂的档案资料的收集和登记中，当工作人员管理意识陈旧，缺乏重视时，轻则导致档案资料的不完整、不规范，保存缺乏正规流程等；重则导致档案资料的缺失，无论对于城市发展历史的记录还是实际建设中档案的调取使用，都是无法估量的损失。

现代城建档案管理工作，从基础的资料整理归档，到各类档案资料的保存、维护都有相当严格的要求，对于管理工作的人才配备、技术投入、资金投入等都有具体的流程，保证了管理工作的有序、高效开展。而管理人员自身缺乏专业性及综合能力素养，没有专业的管理团队和完善的管理制度，对档案搜集、归档、保存、使用都缺乏详细的流程和制度，这就导致管理成效低下，无法保证工作中突发问题的解决和处理。

3. 缺乏有效的城建档案异地备份制度

异地备份工作缺乏上层设计，没有统一的备份标准和规范。当前，对城建电子档案异地备份工作的要求仅在行业主管部门相关文件中提及，异地备份的时间间隔、备份档案的范围、备份的方式方法、备份载体的技术要求、载体运输及保管等规范和技术标准在国家层面没有统一的设计和规划。

异地备份技术相对落后，备份工作效率较低。据统计，我国城建档案跨省异地备份的技术手段主要是存储介质的异地存放，其存储介质主要是光盘和磁盘（移动硬盘）两种，对应的数据封装方法为光盘刻录和硬盘拷贝。随着馆藏档案数量的不断增加，封装的数据量越来越大，效率越来越低。

异地备份方式比较单一，备份数据的安全性较低。目前，城建档案异地备份的方式仅局限于馆际互备，离线异地备份电子档案和相关信息数据的成本低、操作方便，但这种"把鸡蛋放在一个篮子里"的方式与档案异地备份的宗旨不完全相符，备份数据的安全性较低。

4. 专业库房建设与需求不匹配

部分基层城建档案馆缺乏用于纸质档案存储的专业库房，由于城乡建设的快速发展，纸质档案爆炸式增长，基层城建档案馆已经无法承载新增城建档案的入库，导致无法开展档案的接收工作。各业务科室在进行城市规划建设管理中形成的业务档案长时间散落于各个业务科室，由各业务科室各经办人自行保管，未能及时进行归档入库。存在档案遗失、损毁的潜在风险。

5. 基础设施的配套不完善

基础设施的配套建设是为了更好地为技术搭建和城建档案信息系统服务，所以在基础设施的搭建上包括网络硬件配套、信息中心的建设、配合应用系统的完善。在网络层及搭建方面受限于现阶段的档案归类工作，对于多数的传统纸质档案只是进行了数字化的目录录入，对于全文本的数字化信息流程还仍然在进一步的加工和处理中，而网络的维护和网络环境的打造，一方面要考虑到安全因素，另一方面也要考虑到技术的支撑工作，现阶段单一的网格功能和不配套的系统容量还不能完全支撑高效的运算和大规模的数据处理。

例如，在进行大批量计算机采购的过程中，没有考虑到计算机的统一标准、扫码仪的型号特征和具体的硬盘配套，虽然在数量上获得了提升，但硬件配套的设施仍然还不能够实现更好地兼容和共享共建。需求的满足仍然在进一步地拓展，基础设施的投入还需要各单位、各参与主体的配合。

（三）城建档案管理过程中的问题

1. 编制标准滞后

一方面，现行的编制标准距今已经有不少年头，其中不少的条款都是针对当年城建档案的内容构成而制定的，而今城建档案内容的构成也发生一些变化，但是却没有相关针对性的规则出台，以至于在档案编制过程中需要靠档案专技人员自主判断的内容过多。出现这样的状况不仅会影响档案编制的效率，也会影响档案编制的规范性，进而影响档案整体的质量，在一定程度上也妨碍档案利用的效果。

另一方面，制定技术标准不够细化。如因城建项目目录"录入名称"要求界定不明确，导致在后期实现电子化查询利用时存在"检索条件不足无法检索"的问题，城建档案数字化失去意义。

电子文件归档模式产生后，传统的编制标准必然会与之发生冲突，需要各单位的管理人员及时转变理念，推动城建档案的编制标准不断进步。这种改变并不是一蹴而就的，而是需要付出较多的人力和物力来支持，甚至可能在转变的短期过程中无法实现效益的提升，需要牺牲一定的城建档案管理效率来完善机制的落实。因此，在推行城建档案的电子文档归档工作过程中，个别单位和部门会产生一定的排斥心理，无法积极投入电子文件归档的改革工作中。

2. 工作未深入文件形成前端

在很多城市的实际工作中，城市建设档案，尤其是工程建设档案，依然在整个工程项目结束后才开始相关收集工作，因而城建档案的相关工作还没深入城市建设相关文件形成的前端，而这种前端控制的必要性主要表现在两个方面：

首先，在相关建设工程的文件形成的过程中，档案部门仍需加强提前介入。无论是与工程建设相关的文件还是和城市规划相关的文件，其整个生成的过程是十分复杂的，如果不加以控制很可能就造成文件形成之初就存在不规范的行为，对文件档案的后续处理形成风险，也将会影响档案归档的质量。并且，整个文件的流转过程也是十分复杂的，要确保文件档案的安全，除了需要机关、企事业单位内相关的文书部门和秘书部门的努力，也需要档案部门的共同参与。

其次，城建档案管理部门还需持续深入参与到城市建设相关工作的过程中。在现今，工作的复杂性不断提升，因而城建档案部门应该适当地与其他部门开展相关的合作。合作的基础是认同，部分部门工作人员依然认为档案工作只是后端工作，只需在相关工作完成后将相关材料向档案部门移交即可。正是基于这种相对保守的认知使得城建档案与其他部门的合作难以开展，无法更好地进入前端。除了要重视在城建档案的相关工作中注意前端控制，还需要进一步完善城建档案工作主体的建设，需要一个统一的城建档案管理部门对城建档案相关事务进行管理。

3. 收集范围有待扩大

"城市记忆"是城市形成、变迁和发展中具有保存价值的历史记录（即人们对这些历史记录以信息的方式加以编码、储存和提取过程的总称）。传统的观念认为档案馆就是保存纸质档案的场所，而不知如今的档案馆已和信息化相结合，展现了城市的记忆。就目前城建档案管理现状而言，在档案管理理念层面存在一定的误区，许多部门及人员认为城建档案管理工作仅仅是对城市建设过程中产生的档案资料的收集和管理，还没有从城市记忆的视角认识城建档案，没有认识到城建档案对城市记忆的作用。同时，通过对国家档案局颁布的《基本建设项目档案资料管理暂行规定》的查阅以及对《基本建设项目文件材料归档范围和保管期限表》的比对，可以看出国家对于城建档案的归档范围的规定还是更多地停留在城市建筑、地下管网、水电气、工程项目竣工等方面的档案收集，并没有对体现城市记忆的档案进行收集。

对于能够体现城市记忆的档案进行保管是为了保存璀璨的文化以及丰富的人类文明，也是为了给后代留下既完整又真实的记忆。作为城市记忆的主体，城建档案馆是一个重要的执行机构，所以，城建档案馆为了保存城市和社会的记忆，就需要站在保存历史的角度。对于体现社会记忆档案的收集范围主要表现在对物质文化遗产和非物质文化遗产的收集上。其中，物质文化遗产如故居民宅、老街道、文物等，非物质文化遗产包括风俗民情、传统文化等。在档案收集的过程中，除了要着重收集在城市发展过程中产生的具有记忆的档案，还要收集市民在生活中产生的具有记忆价值的物品和各种资料。只有扩大城建档案的收集范围，才能从最大限度上确保城市记忆资源的完整。

4. 资源有待整合

城建档案是城市规划、建设、管理活动中直接形成的对国家和社会具有保存价值的文字、图纸、图表、声像等各种形式和载体的历史记录。城建档案作为原始记录，为城市建设、城市管理提供重要的信息资源。城建档案记录着城市的发展变化，也记录着城市的记忆，通过城建档案可以将整座城市的历史文化得到传承和发扬。但目前来看，城建档案的管理较为分散，各地的城建档案馆保存着大部分的城市建设工程档案，涉及城市规划、设计、园林、市政等领域的档案，目前处于分散保管的状态，一部分由专业的管理部门进行自行保管，另一部分由城建档案馆保管。

随着计算机技术的快速发展，社会对城建档案资源的需求也在不断增加，将现有的城建档案资源与社会共享成为城建档案馆在当今时代要面对的问题。因此，为了便于城建档案馆对城建档案资源的管理，以及实现城建档案的共享，使记忆得以传承，需要城建档案管理部门将档案资源进行整合，使城建档案馆能够更好地为社会提供服务。

5. 历史档案数据有误或缺失

在城建档案工作的早期，由于存在大量的临时审批内容，导致有一部分的文件资料在档案整理、编制完成之前，就已经失去了作用。同时，还存在着一些极度边缘化的审批事项，在档案利用中完全没有存在感。这就导致在早期的城建档案归档过程中，档案工作者直接忽略了这部分文件资料，并没有立卷成档，也没有编制过文件资料的清单目录，时至今日依然很难发挥这部分档案的科技价值和社会价值。经长年的堆积，其中的一些文件资料已经糅合在一起，甚至造成了部分的缺失，再要厘清这些档案资料已经很难，而了解当年相关临时审批事项的同事也可能不在岗位上，致使现在的档案专技人员想要着手整理十分困难。如果继续维持现状，可能在将来的档案服务中会继续错失其中一些档案的价值，而在无序的文件资料中检索又会影响档案利用的效率，补上馆藏档案这部分的短板迫在眉睫。

6. 城建档案资料利用不充分

城市建设档案是城市建设的重要文件资料，它记录了城市建设过程中的技术、规划、经济、社会等方面的信息。但是由于技术进步、社会发展变化等原因，一些档案变得过时，或者因为技术水平不够而未能被完全利用，使得许多城市建设档案长期闲置。最突出的表现是城市的管理部门或者学术界、文化界对地方城建档案的关注度很高，对城建档案的利用也比较积极，但是普通大众对城建档案的利用仅限于与个人利益相关的房产档案的查询利用。这种现象导致城建档案无法充分释放自身的文化凝聚力，难以对城市大众形成文化感召力，并且大量档案被闲置也是一种文化浪费。

7. 信息收集和归纳不完善

随着我国现代化城市建设的不断推进，城市建设工作逐渐朝着多样化的方向发展，再加上城市工程建设项目的快速增加，无形中加大了城建档案管理的难度。如果工作人员仍然采用传统的城建档案管理模式，不仅会导致我国现阶段城建档案管理工作滞后，还会降低城建档案管理工作的准确性和有效性。对于数量庞大的城建档案信息，信息收集和整理的过程更加复杂，档案管理人员难以高质量完成档案信息收集整理工作，传统的城建档案管理模式已经无法适应。

关于信息的收集和归纳问题也可以理解为城建档案管理工作运行过程中档案的存储模式及信息载体存在问题。目前城建档案管理主要采用的是新旧制度并行的手段，新的管理设备催生了新的管理标准，但是传统的管理方式仍然占据了主要位置。这种新旧并行的管理方案也是智慧城市建设前期所提倡的，但是与现阶段城建档案的管理模式之间存在本质区别。

首先，智慧城市倡导无纸化办公，对各类技术和先进设备的应用非常重视。传统的办公模式主要是为办公行为提供一定的制约，并对无纸化办公进行辅助。而在当前城建档案管理工作中，尚未形成系统的无纸化办公空间，传统办公模式仍然是主要的。新旧两种模式的冲突必将会导致应用模式频率的失衡。

其次，城建档案管理工作的信息载体不智能，无法承担当前城建信息的储存和供给任务，影响信息的传递和智慧城市的建设。不智能主要体现在城建档案管理工作的系统职能还停留在管理、应用、调取这些基础职能上，数据没有深度挖掘，数据的核查没有基本标准，甚至于数据的后续流通和管理也没有系统性的规划，因此急需建设和完善。

就现行的有关城建档案的管理规定要求，在进行城市建设以及规划的过程中，相关参与建设机关以及各个企事业单位必须要对本单位的城建档案进行有效管理，并且建设单位在工程建设竣工验收之后的三个月内，需要及时将相关的档案材料以及档案复核件递交到建设行政主管部门。然而就目前来看，在一些工程项目建设的过程中，由于各个参建单位对于承建的档案管理工作重要性认识不足，并不会主动向建设行政主管部门提交相应的竣工档案，同时有关部门对于城建档案管理的宣传力度比较小，所以导致城建档案采集难度比较高，档案的利用效率低。

（四）信息化升级问题

1.缺乏城建档案信息化管理体系的支持

若想强化城建档案管理质量，应不断优化和完善城建档案管理模式。然而，在实践工作当中，城建档案管理存在信息化管理体系不健全等问题。

首先，部分城建档案管理机构在日常工作中并没有对建设电子档案给予高度关注，导致城建档案数据库建设始终保持原地踏步的状态。

其次，城建档案网络建设落后。在建设城建档案网站期间，由于专业技术人才不足，无法结合相关用户使用需求来优化城建档案网站，更加无法创新城建档案网站管理及维护方法。

最后，相关人员在对城建档案实施管理期间数字化管理意识不足，在城建档案管理期间不能充分运用现代信息化技术实现科学化、规范化管理。在实践工作当中始终将实体档案管理放在首位，没有采用有效的方式促进城建档案管理向电子化转变，再加上部分城建档案管理人员服务意识薄弱，过度重视管理，忽视服务，使得城建档案管理发展速度缓慢。

对于城建档案管理而言，其最主要的目的是提供利用。而利用与服务关联紧密，服务水平的强弱对档案管理水平起到决定性的作用。在城建档案管理期间，若相关人员没有对城建档案信息服务途径给予过多的关注，不仅不能有效促进城建档案管理及信息服务进一步发展，还使相关工作依然处于初始阶段，无法将城建档案所具备的作用最大化发挥。

2.信息隔离普遍存在

现代城建信息档案的打造是为了通过对档案信息的梳理获取有价值的资源信息来更好地服务于人们。在整个现代城建档案信息开发过程中，管理部门作为档案信息的管理者能够在管理资源的同时将资源开放和共享给需要的用户，从而实现档案的价值和档案信息交流的平台建立。目前档案信息化的进程仍然是由各个独立的档案部门来推进，各具特色的信息系统虽然能够让不同的档案工作做得风生水起，但对于内部的传授和用户的使用体验来说，没有统一的标准就不能形成档案信息系统之间的沟通和互换，就没有达到档案的大数据融通效应，造成各机构"各自为政"的现象，档案管理工作系统之间仍然不存在开放共享的桥梁。

城建档案信息系统的分离完全背离了现代城建档案信息的统筹规划原则以及通过对信息资源的整合来实现整个城市之间的信息交互和资源共享的目标，所以现阶段各系统的独立运营和档案信息的不通畅仍然是档案信息化亟待解决的问题。档案信息的获取难度加大也将影响用户的使用体验，同时对于各业务部门和档案管理部门之间的信息交流和检索能力以及对整个城市的信息数据分析都会造成阻碍。

城市现代化进程在不断加快，城建档案资源也在不断扩大，但目前对于我国大多数城建档案馆而言，城建档案的信息化建设仍发展缓慢，尤其是网络化发展进程。目前，档案信息化建设已经作为一项重要的工作在我国很多城市的城建档案馆中开展，电子文件成为档案馆的主导，但大部分城建档案馆还是依靠人力对城建档案进行收集、整理、鉴定、保管等工作。

在当今快速发展的大环境下，城建档案工作者对传统档案的工作流程已经无法适应当今信息化快速发展环境，人工的效率较低是传统档案管理工作在新环境下要面对的问题。同时，缺少信息化也会给城建档案部门在保留记忆的工作中带来新的挑战，缺少信息化不利于城建档案记忆资源的共享以及信息化服务工作的开展。

3. 电子信息系统安全性有待提高

随着我国进入网络时代，依靠互联网对城建档案电子信息进行管理的作用日益突出。相较于传统的纸质档案，电子文件可以节约大量的资料储存空间，能快速便捷地录入、管理、查询信息，大大提高城建档案管理的工作效率，并且也有利于对城建档案进行信息化管理。除此之外，可搭建网络信息平台实现网站信息内容发布与更新，有利于发挥城建档案宣传工作，并更好地服务社会公众，利用电子文件管理为公民提供信息查询平台，实现城建档案共享的目的。

但是电子文件管理也存在明显的不足之处，网络黑客侵入使得电子文件的保密性、安全性无法得到保障，复制、模拟等高科技技术可能严重威胁到城建档案的真实性和唯一性，对档案管理工作安全有序地进行带来巨大的障碍，同时，电子文件对电子设备的依赖性较强，一旦设备毁损，极易造成城建档案信息丢失。所以，在加强城建档案信息化建设的过程中，也要提高信息安全防范，更好的保管城建档案信息资源。

提高城建档案信息的安全性已然成为城建档案管理过程中的一项重要的任务，除了这些，城建档案管理的应用系统还包括档案资源的利用，在使用者使用档案资料时，身份认证、动态口令等各种高科技形式可以用来验证使用者的身份，避免资料的泄露。城建档案资料的安全前提是保证数据库的安全，可以使用防火墙等安全措施对城建档案资料进行封闭式管理，这样可以避免网络病毒的入侵，同时使用云储存等技术对城建档案信息资源进行独立安全的存储和备份，并对云储存的档案信息定期进行检查，避免数据的损失，保证信息完整。

4. 城建档案信息服务水平较低

对于传统城建档案资源的利用，城建档案馆大多是提供原件或者对某一专题进行集中统一的汇编，这也是城建档案馆对于档案信息的服务。城市的发展建设是不间断且快速的，对于城建档案的社会需求也逐渐向多元化转变。

随着公众档案意识的加强，对于档案资源的利用也有了更高的需求，因此，城建档案馆对于传统的档案服务方式应该进行优化，使其适应当今快速发展的社会大环境，提供更加广泛的资料范围和载体，从而使档案资源得到扩大。更广泛的载体优势是可以使用声像、照片、视频等方式解决档案工作人员规划设计必须到现场的问题，并且主动提供完全不同于传统的、在内容和形式上更加优化的服务，这样从原始基础信息对城建档案进行著录可以用更加系统的手段建立数据库。

5. 信息化技术标准不统一

由于我国城建档案信息化建设还处于起步阶段，不仅技术水平难以跟进，而且也缺乏相应的统一标准和完善、成熟的管理体制。不同城市之间在城建档案的管理制度方面也存在着一定的差距，这是地区差异性的一个重要体现，这种差异严重地阻碍了城建档案的统一管理。

6. 对档案数字化工作重视不足

城建档案数字化管理关系到城建档案的利用率、安全性和管理水平。新时代城建档案数字化建设效率低的主要原因是对城建档案管理重视不足，未能给予城建档案数字化项目的高度关注。例如，有些城建档案管理人员安于现状，缺乏对相关数字化技术的学习，导致城建档案数字化管理的方式较为传统，技术上故步自封，管理制度上存在漏洞，无法实现对已经完成的数字化档案的有效管理。

现有档案员的业务素养有待提高，有时难以高效率操控复杂的数字化设备，很难及时发现相关的安全隐患及故障，严重影响了数字化城建档案的质量。人员管理不到位，对具体工作重视不足，缺乏对城建档案数字化的必要指导，影响了相关工作的顺利进行，给城建档案数字化管理带来隐患。

7. 对信息技术的重要性认识不足

虽然信息技术在各个领域飞速发展并广泛应用，但目前在档案领域受传统的观念和档案管理制度的影响，档案的接收、查阅利用等方面依然采用的是传统的工作形式，对信息新技术的应用存在重视不足的现象，仍然是一种被动的服务，其中主要原因表现在以下两个方面：

一方面是创新观念不足。受传统观念的影响，大多数档案管理部门在改善基础设备、创新档案管理方面不够重视，在信息化、大数据、智慧档案馆等新技术应用方面缺乏主动思考，使得当前档案的接收、保存、查阅仍然依靠人工完成，距离智能化档案管理存在较大差距；另一方面是资金投入不足。城建档案随着工程项目的建设在档案的体量上、规模上不断增大，有限的资金投入主要用在增加库房面积、防护设施方面，在信息化方面的投入非常少，造成大多数城建档案仍然以纸质档案移交为主，基于信息接收和云存储的电子档案移交方式存在滞后性。

8.城建档案信息化进程较慢

城建档案信息化是现代城建档案管理体系的重要组成部分。《全国档案事业发展"十三五"规划纲要》中曾经明确提出"档案管理信息化"的发展目标。然而，由于我国各地档案馆（室）人员不足、设备缺乏、技术有限，档案的信息化能力并不强。

为了解决这一难题，很多单位采取了城建档案信息化工作外包的应对策略。但是，由于城建档案信息化工作外包项目也面临着进度完成超时、成本超出预算、外包公司人员流动性大且专业性不高、项目组与委托方之间沟通不畅导致城建档案信息化质量差等问题，信息化成果出现问题后返工的现象也常有出现。因此，我国城建档案信息化进程较慢，这一问题也严重地阻碍了现代城建档案管理体系的建设进程。

在城建档案管理领域，目前仅靠有限的人力实施海量的城建档案资源管理，这与城建档案信息化要求资源共享与快速流转的现代化要求不相适应，也不能适应信息化快速发展的要求。在推动城建档案数字化、信息化工作方面，可以借鉴国内一些大型图书馆、先进院校的图书档案管理的信息化操作，城建档案馆迫切需要集档案验收与移交，档案整理、著录、编目，电子文件归档与管理、档案查询等功能于一体的信息化系统建设，对现有的纸质库藏档案要尽快完成档案数字化转换工作，尽可能通过系统让办理城建档案查询利用的工作人员直观地看到有关文件、图纸，便于信息核对、资料查阅以及后续精准调卷。

9.城建档案信息化前端工作有待加强

目前主要存在档案资料不齐全、不准确、质量不高，装订不规范、纸张不达标、页码编写前后不一，装订中发生掉页、漏页、压字等问题，使档案的美观性和完整性都受到一定影响。目前，城建档案中多数工程档案是由施工单位进行编制，对于竣工档案的编制大多是临时指派未经过专业培训的人员来做的，使得档案材料整理不规范，最终进馆档案质量不高。在档案数字化过程中还需要对这些档案进行重新整理加工。

10. 网络平台建设欠佳

在信息时代，网络发展尤为迅速，其具备覆盖面广、信息资源丰富、信息获取方便等特征，社会公众越来越趋向于借助网络来获取信息，因此，各种与城建档案相关的网络平台，例如，城建档案的微博、网站及贴吧，都成为用户获取城建档案信息的首要窗口。这不仅是城建档案馆信息化水平的体现，也是从时空上对城建档案馆服务的延伸。但是通过对全国的城建档案馆相关网络平台调查发现，很多档案馆没有开通微博、微信等新媒体平台，没有建立档案贴吧。虽然开通了城建档案网站，但是存在内容更新不及时、部门版块空白、留言板形同虚设等问题。

由此可见，很多城建档案馆虽然开设了网站，但是网站建设欠佳，用户无法通过网站获取有效信息，不能进行目录查询、查档预约、在线咨询等服务，导致网站利用率低。究其原因可以发现是城建档案馆计算机专业人才匮乏导致城建档案馆没有设置专门的人管理网站，馆内有些工作人员甚至不清楚本馆有没有开设网站。另外，由于现存的人事制度存在弊端，一些工作人员安于现状，没有服务意识，对于交代给自己工作的不能积极完成。因此，造成了许多城建档案馆虽然开设了网站，但是没有将网站建设成为信息发布、对外宣传的平台以及用户获取城建档案信息的第一窗口，发挥其应有的社会服务作用。

（五）安全风险问题

基于数字技术的城建档案管理体系虽然相较于传统纸质档案管理具有较高的安全性，但其会受到操作、软件、网络等因素的影响，存在一定的安全隐患。而部分单位在管理城建档案信息时，没有采取有效的措施应对这些隐患，导致档案安全风险较大。一是未建设科学的杀毒、存储体系，导致系统容易受到电脑病毒、不法分子的破坏；二是部分管理人员安全意识较低，未按照规范进行操作或做好相应的保密工作，导致信息易泄露、丢失；三是未建立安全管理应急机制，如密令登入、门禁卡、应急储存等。

1. 风险意识不强，风险管控工作不完善

城建档案数字化项目管理者的风险意识不强，未能把风险管理当作项目管理的重要工作，对基本思路、方法与技术缺乏必要学习和探究。通常，没有专职人员实施项目风险管理活动，往往仅针对某一风险独立地采取措施，缺乏协调性、全面性，对于项目全过程的风险评估不够，专业的风险管理理念不足。

在大力推进城建档案数字化工作过程中，面对巨大的工程量往往倾向于追求项目量的形成，在一定程度上忽视了对质量与安全的把控，风险积聚，容易导致城建档案信息安全等问题的发生。例如，因外包加工服务方过程追求数量与速度，在扫描仪老旧或运行过久过热的情况下继续运行，扫描人员未能及时核实图像，导致图像受污受损或画面出现明显条纹等质量问题，导致了项目成果质量风险甚至城建档案原件损毁的风险。

以外包形式实施开展城建档案数字化项目，风险管理多为事后控制，缺乏制动性。虽然在项目实施过程中馆方采取了一些风险管理措施，但是缺乏明确的系统性风险管理目标，往往局限于小部分关于项目质量、进度、成本等方面的保证措施，分布于施工组织设计、施工技术方案等资料中，未能形成健全的项目动态风险管理机制。

2. 存储中存在安全风险

城建档案数据的安全存储是保管过程中一个非常重要的部分。目前，一些城建档案馆采用云存储的方式将现代信息技术与特殊存储载体融合，依靠网络将海量数据资源上传至云端，实现科学高效地存储、管理和利用。

存储在云端的城建档案数据虽有易于管理、利用等优点，却存在真实性、完整性、可用性和安全性方面的风险。

在真实性方面，由于城建档案数据被托管到第三方——云计算服务商，因此可能存在误操作或有意篡改、窃取等风险，在修改或删除后很难发现痕迹，给档案数据的真实性带来很大的危险；在完整性方面，由于城建档案数据的存储介质有很多种，对于同一文件可能会涉及多种格式的内容，这些信息会被存储在不同的载体内，当把这些数据存储到云端后因为存储格式的变化可能会导致部分档案数据丢失；在可用性方面，服务系统和应用程序出现故障时不能转换文件信息，可能导致城建档案无法使用，影响城建档案提供信息服务；在安全性方面，计算机系统和设备的使用容易会受到病毒、木马、黑客和其他不良因素的影响，对城建档案的数据安全构成严重威胁。

另外，在智慧城市建设背景下，城建档案安全存储技术强调为多元、异构的海量档案数据提供分布式存储和高效计算服务，由于数据量的增长速度非常快，因此对城建档案的安全存储技术水平要求也越来越高。但是目前大多数城建档案馆的安全存储技术创新发展仍较为缓慢，这使在预防和控制档案数据安全方面面临着不同程度的风险。

3. 传输中存在安全风险

城建档案管理的最终目的是提供利用服务，在利用服务传输中存在管理人员身份认证简单和权限控制困难的问题，导致传输过程中数据易被篡改、泄露。

首先，目前一些电子城建档案管理系统中管理员账号和密码设置比较简单，甚至一些档案馆不设置专门的账号，直接使用默认账号和最大管理权限。因此，如果攻击者使用非法手段获得管理员账号，就可以对城建档案数据进行编辑、打印、复制、截屏等操作，这不仅破坏了档案的真实性与完整性，甚至可能对利用者后续的工程建设产生影响。

其次，权限控制不仅可以使不同利用者了解不同数据内容，在系统层面保证数据隐私，避免数据泄露，还可以精简信息呈现，保证操作效率。城建档案馆可以通过预先区分管理人员与用户之间的权限差别，采取有效措施使攻击者不能虚假利用管理员的身份进入系统，进而防止攻击者利用非法手段取得相关档案数据。然而在现实生活中城建档案的利用者不仅来自城市规划部门、高校研究团体、建设单位、施工单位，而且在各领域还存在大量潜在的未知用户，因此在访问控制的过程中难以将所有用户进行具体的划分，极大地增加了设置角色访问及权限控制的难度，使电子城建档案管理系统在传输数据时存在安全隐患。

4. 保管工作的情况复杂

很多地区的城建档案部门保管档案的场所为临时库房，并且保管的城建档案主要载体为纸张，由于档案内容和形成条件的不同，一整套城建档案中不同种类的档案在纸张质量、纸张大小、记录方式上的不同也就导致了一整套档案需要采取不同的保管方式才能保证所有档案处于一个良好的状态之下，例如，蓝图档案应该保存在专门的底图柜中。

为了适应城建的需要以及推动城建档案建设的持续深入，电子档案的管理势在必行。随着档案管理单套制的实行，大多数城建档案将会以电子形式保存，这使得档案的收集和保存将更多地依靠以电子信息技术为代表的计算机系统和数据库进行收集、整理和保存。虽然相较于纸质档案相关的程序有所简化，相关工作的开展也更加高效，但是面对各类庞杂的数据所选用的标准也是千差万别，那么面对不同的数据应该采用怎样的标准，进行什么样的处理则是城建档案亟须解决的问题。

同样，在具体的保管上，由于城建档案数据种类的多样，需要参考的标准也就越来越多，并且反映其形成的元数据也需要通过多种标准进行规范，那么在后续的系统设计过程中涉及的相关标准则越来越复杂，这给电子城建档案的系统构建和保管带来了一定的困难。由于电子城建档案本身的复杂性，再加上电子档案本身的局限性，城建档案保管的安全性问题也将更加突出。由于城建档案管理系统在与其他系统对接的过程中很可能存在一定的技术漏洞并且相关的管理流程的复杂性较高，电子城建档案的安全无法得到进一步的保证。

5. 信息安全防护水平不高

为了能够运作城建档案信息的流通和共享机制，则需要将档案信息开放给用户进行自由度较高的信息检索和查询功能，潜在的安全风险也会随着档案信息的公开开放变得更加的敏感和脆弱。所以在城建档案智慧化高速发展的过程中，与之配套的安全防护机制需要在各个关键环节进行补充，特别是涉及秘密的数据和难以获取的关键数据，如果在云端被漏洞攻破或者删除，那么会对档案信息的保存造成极大的丢失风险。在安全信息防护的加强过程中，可以从两个方面进行考量：

一方面是技术层面造成风险的存在，另一方面是管理层面造成的风险的存在。技术层面漏洞的处理和风险的评估是安全系统需要重视的环节，而在管理方面则需要避免人为因素造成操作不当的档案损毁和损失工作，因此设立防护体系工作迫在眉睫。特别是在智慧城市的建设背景下，信息安全一定是计算机数据交互过程中的重中之重，一旦信息泄露或发生安全事故，可能会影响到整个档案馆的安全。

6. 城建档案管理人员政治素养与纪律观念不高

人才是城建档案管理机构发展的核心力量，对提升城建档案管理工作效率与质量有着关键性影响。档案管理为实现人才科学管理提供了基本的支撑条件，是各级政府部门事项决策的重要信息来源。从这方面而言，城建档案管理工作必须保证档案的保密性，严格按照有关规章制度做好档案管理工作。

在信息化技术应用范围不断扩大的今天，档案管理人员获得内容的途径越来越多，相关监管工作不到位、欠缺内部管理机制从而令一些工作人员不能严格依照规章制度进行档案管理工作，对个人工作与单位都造成了较大损失。

7. 电子存档过分依靠网络，要求高

在以往的城建档案管理工作中，通过采取纸张和字迹结合的方法可以从根本上确保相关建设信息的准确性，保证纸质档案信息保存的长期性，从根本上保证纸质档案保存的稳定性和安全性。但是在当前的城建档案数字化建设中，很多地区应用的还是一些电子存档，过分依靠技术和网络设备，对相应的环境条件有很高要求，容易受到外界因素的影响，一旦出现系统问题，就会导致核心数据和信息缺失，甚至会导致系统瘫痪，后果不堪想象。

（六）重视程度和社会影响力问题

1. 社会影响力低

第一，开发成果可持续性不强，导致社会影响力低。在调查中发现并没有任何城建档案馆保持着每年都对城建档案开发成果进行更新。大部分档案馆都是间隔 1 ～ 3 年再对开发成果进行更新，更有甚者间隔了 8 年。例如，成都市城市建设和自然资源档案馆早在 2017 年就开始更新开发成果，但再次进行更新却是在2021 年，与 2017 年间隔了 4 年。这就使得公众很难对城建档案开发成果持续关注，从而降低对城建档案开发成果的期待，导致开发成果无人问津。还有昆明市城市基本建设档案馆和重庆市城建档案馆仅仅在 2019 年更新过，就再也没有持续更新了。这有可能导致公众所接收到的开发成果不够新，无法满足对城市形象构建的新需求。

第二，用户的浏览量不佳，导致社会影响力低。从城建档案的开发成果来说，浏览量普遍不理想。除了极个别成果的浏览量上万，其余成果的浏览量基本维持在百位数或十位数。这表明公众极少地关注城建档案开发成果，甚至有可能不关注。由于开发成果的浏览量较低，这就使得城建档案开发工作者缺乏成就感，更缺乏开发的动力，不利于城建档案开发工作的发展。如果不能引起大众对城建档案的关注，那么城建档案的开发工作就形成不了积极的良性循环。

2. 缺少社会参与

缺少社会参与就缺少社会对城建档案管理工作的了解，人们并不了解城建档案馆的职能，观念只停留在城市建设档案的管理。城建档案的馆藏资源是丰富的，通过社会参与可以更清晰地了解城建档案馆的职能以及城建档案管理的方法，提升社会认知，能够更好地了解一座城市，共同为城市记忆的建设做出贡献。

加强社会的参与有利于城建档案在记录城市记忆的过程中注入新的血液，一座城市的记忆是多种多样的，不仅仅是城市建设的记忆，同样也包含普通民众的个人记忆。城建档案馆作为建构和保存城市记忆的主体，需要不同社会阶层、不同利益群体的共同参与，若想使城市记忆更为系统和全面，就需要城建档案馆更多地鼓励社会民众的参与，有了他们的参与，城市记忆的资源才可以更为丰富。

城市记忆在构建过程中，如果缺少了社会参与，就从一定程度上和城市记忆的本质是相违背的。一方面，若想保存人们产生共鸣的记忆，那就需要提高社会的参与，也能在另一个角度了解人们的需求；另一方面，有很多珍贵的城市记忆资源在民众的手中，加强城建档案的社会参与可以收集到民众的珍贵的资源，这也为城建档案馆提供了馆藏，对城市记忆工程有着重要的作用。所以，加强社会参与也有助于城建档案馆收集民间有保存价值的档案资源。

专业技能的提高也需要社会的参与，由于核心工作职责等的不同，城建档案馆不可能包揽所有工作、配备各个方面的人员，所以，除核心工作外，城建档案馆可以采取人员外包的手段提升社会参与。同时，城建档案管理的可持续发展也离不开社会的广泛参与，鼓励更多的社会群体参与其中能提高社会关注程度，一方面，民意影响决策，社会力量的支持有助于城建档案馆在发展建设中获得政府的支持，公众对城建档案的广泛认同和接受直接影响政府对城建档案馆的关注度，是政府持续为城建档案馆建设投入资源的重要激励。另一方面，城建档案管理的社会参与提高在一定程度上可以促进城建档案资源扩大化，能够将城建档案馆的馆藏资源收集逐渐扩大至城市运行数据、社区、个人数据等，也有助于城建档案馆的信息化建设，从而更好地保存城市和社会的记忆。

3. 重视程度需加强

随着城市建设的不断发展，政府征地用地往往会和普通民众产生矛盾。为了解决相关的矛盾，民众往往会向相关城建档案部门寻求城建档案信息的支持，以维护自身的合法权益，城建档案的利用也变得越来越频繁。虽然在新修订的《中华人民共和国档案法》和《"十四五"全国档案事业发展规划》中强调了档案利用的重要性并要逐步推进各类档案的开发和利用，但是我国档案信息的利用程度依然不高。

截止到 2021 年年底，全国各级国家综合档案馆馆藏档案 104 671.1 万卷、件，开放档案共 17 549.7 万卷、件，相较于 2020 年馆藏档案 91 789.8 万卷、件，开放档案 14 584.5 万卷、件，开放程度增长不明显。城市建设档案的管理工作的深入整合共享需要进一步探索。从现今城建档案的利用方式上看，城建档案的利用主要还是到城建档案部门进行阅卷，这在一定程度上阻碍了城建档案的利用。虽然有些城建档案部门积极将相关城建档案信息发布在档案官方网站、微信公众号等平台上，但是发布的信息是有限的，无法满足社会对城建档案的需求。

4.缺乏有效的反馈机制

城建档案通过提供利用服务实现价值，想要实现其信息的价值，达到理想的使用效果，必须建立一套有效的反馈机制，提高公众参与度，进一步扩大城建档案的社会影响力。城建档案工作的根本目的是对城建档案信息资源进行开发利用，良好的利用反馈机制可以有效地了解城建档案的利用情况、用户的满意度，为日后的开发利用工作提供参考依据。

目前，许多城建档案馆的馆员只注重提供档案利用，没有追踪城建档案的利用效果，也没有主动地收集反馈信息。城建档案馆的利用登记表包括用户单位、联系方式、查档目的、内容、调阅档案情况（即复印、摘抄内容）几项内容，要求查到城建档案的用户进行填写，对于那些没有查到城建档案的用户不进行需求登记。这样的信息反馈机制存在以下两个问题：

一是登记表的填写不够规范。登记表作为城建档案利用情况的晴雨表，工作人员可以据此了解城建档案的利用情况，为后续工作的改进提供参考，但是用户对反馈信息认识不到位，在填写时比较敷衍、随意，导致城建档案馆收集不到有效的反馈信息，甚至有的内容填写不完整，无法确认所填信息，工作人员收集不到有效的信息，不能进行用户反馈工作，也就无法提高信息服务质量。造成这一现象的原因是目前许多城建档案馆仍然采用纸质的登记表，没有设置统一的填写标准，人工填写的方式比较烦琐，会降低用户的耐心，造成登记表内容填写不全、书写不清楚，而且纸质登记表也不便于长期保存。

二是登记表的设置不注重对利用效果反馈信息的收集。很多城建档案馆没有对利用效果进行追踪反馈，不知道应该怎样去收集反馈信息，在提供城建档案信息利用后，对于其用于什么建设、是否真正起到了作用、取得了怎样的效果、为用户解决了什么问题、用户对此次信息服务是否满意等问题都不了解。而且诸如使用人数、被查阅的卷数等关于城建档案利用数据的简单统计不能全面反映城建档案信息服务所产生的经济和社会效益。因此，缺乏有效的反馈机制，无法了解城建档案的利用效果及用户的满意度也就不能提高服务的质量。

二、现代城建档案管理问题的原因

（一）机构层面

1.城建档案资源开放程度低

2021年1月1日实施的《中华人民共和国档案法》第三十二条第二条为："公

布档案应当遵守有关法律、行政法规的规定，不得损害国家安全和利益，不得侵犯他人的合法权益。"

城建档案数据不仅包括了政府部门在工程建设审批过程中形成的政务数据，还包括了建设单位在施工过程中产生的建设项目数据，所以，城建档案中包括了大量需要保密的信息。在面对这些需要进行保密的档案资源时，档案开发者会在档案开发中尽量避免，这就造成了可选择的开发主题非常有限，同时这也是造成城建档案开发创新不足的原因之一。有时城建档案的开发成果包含了一些不是明确规定需要保密的档案资源，但由于过于谨慎的保密要求，这些成果只能够在馆内进行内部交流或者束之高阁，这在无形中也造成了人力与财力的浪费，也失去了一次对城市形象构建的机会，档案资源开放程度低确实在一定程度上对城建档案的开发工作产生了一定的负面影响。

2. 缺少合适的成果展示窗口

任何成果都需要一个展示的窗口，只有档案部门打造出一个展示的窗口，才能使用户近距离地接触到开发成果，才能让公众真正了解现代城建档案管理工作所取得的成就，激发公众的参与积极性。

目前我国城建档案的开发成果缺少展示窗口表现在以下两个方面：一方面，开发成果几乎只公布在档案馆的官网上，而用户需要进行寻找才有可能接触到开发成果。但如果不是从事档案工作或者非常关注城建档案的用户，是不会想到去档案馆的网站进行浏览的。另一方面，有些开发成果的展示并不完整。有些时候只能查找到开发成果的名字或者片段，根本无法接触到完整的开发成果。例如，上海市城建档案馆对于其在城市形象构建方面的出版画册也就仅仅展示了片段，而且用户没有其他途径去获得完整画册。这无疑会降低用户对开发成果浏览的兴趣，或者感觉烦琐而不去进行查找，从而导致开发成果的社会影响力低下，无法对城市形象的构建做出贡献。

3. 城建档案数字化建设手段单一

城建档案数字化不仅仅是将纸质文件转化为电子文件，更重要的是要将城建档案信息资源提炼为高效利用、便于共享的数字资源。但目前绝大多数城建档案馆的城建档案数字化工作仅是将纸质文件扫描成电子文件，利用也只是将纸质档案换成电子档案，这虽然实现了远程利用，但对城建档案信息资源开展大数据分析的深层次开发利用目前仍是困难重重。

从全国层面看，仅仅只有重庆市城建档案馆、杭州市城建档案馆等极少数城建档案管理机构开始馆藏城建档案人工数据采集的城建档案大数据库建设工作。如重庆市城建档案馆用两年时间对馆藏258万卷城建档案进行人工数据采集，获取数据近5亿条，涵盖用地面积、容积率、设计使用年限、各种经济和专业数据，具有极高的利用价值。

4.城建档案管理机构设置不完善

首先，部分城市仅在市一级设置了城建档案馆，而在其下属的县区仅在建设局内开设了资料室，以至于管理机构结构单一、城建档案质量有待提升的问题十分明显；其次，内部各职能部门间缺乏清楚明确的分工，专业化城建档案管理人员的储备也不足，进而造成了针对城建档案的管理质量及效率整体不高的局面。

5.数据共建共享的参与者少

城建档案数据共享需要利益相关者有共同参与、共同建设的意识。在实践中，城建档案管理部门不支持数据共享工作，参与数据共享的单位少之又少，"不愿共享、不敢共享、不会共享"是当前城建档案数据共享工作的常态。

一是一些部门担心利益受损"不愿共享"。他们认为在大数据时代，数据资产的控制和占有是城建档案管理部门提升主导地位的手段，数据共享会导致部门数据话语权逐渐丧失。因此，数据所有权部门不愿推动数据共享。只有在严格的行政指令要求下，才被动参与城建档案数据共享工作。

二是一些单位出于数据安全考虑"不敢共享"。"互联网＋"环境下的数据共享和交换包含许多不可预测的安全风险，涉及档案数据生命周期的各个环节。网络安全问题，如黑客攻击、病毒感染、数据泄露等，将对国家安全、社会经济和公民个人生活造成严重影响。城建档案中包含大量的隐私、产权、业务和审批等数据信息，一些档案馆担心在数据共享过程中出现数据安全问题，他们认为部门要对数据安全负责，为了避免不可预测的风险而不积极参与并促进数据共享。

三是档案管理人员缺乏相关知识，"不会共享"。实现城建档案数据共享需要配套专业的管理团队，他们不仅需要充分了解国家政策、共享标准和规范，而且需要具备强大的共享技术和大数据处理能力。现有城市档案管理人员大多是城建档案学科专业出身，但是对大数据技术、共享标准和规范等掌握不够、数据处理能力不足，缺乏相应的数据共享专业知识，制约了城建档案共享的进程。

（二）管理层面

1. 管理理念相对固化

一直以来，城建档案管理工作沿用相对封闭的管理模式，未将城建档案资源公共服务的理念充分贯彻落实，城建档案资源一般只服务于住建部门内部或者党政机关，公众往往不知道合法获取城建档案资源的渠道，使得城建档案资源与广大人民群众之间产生了一定的距离。

由于城建档案管理部门往往忽视了大众对城建档案信息的知晓、利用等需求，无形间阻碍了公众对获取城建档案信息的通道，致使公众对城建档案管理工作颇有微词。此外，城建档案工作因其长期以来的垄断性、专业性，在服务质量及工作效率方面也有待加强，监管工作尚有不足。城建档案管理工作的开展要转变闭门造车的固有管理观念，应以公共服务理论为基础，坚持以人为本、人民至上的观念，在思想上构建城建档案管理的公共性。

2. 受传统工作方式制约

随着城市档案管理工作信息化建设的逐步深入，由于计算机技术和现代信息管理手段与传统档案管理工作的方式之间有较大的差异，陌生的新型工作手段方式和熟悉的传统工作手段方式之间在实际应用上存在巨大的不同，很容易形成天然的障碍甚至抗拒心态，而不管这个抗拒心态以怎样的方式存在都是对城市建设档案保存信息化工程的阻碍。

3. 公共服务意识不强

当前我国城建档案管理机构及主管部门存在公共服务意识欠缺的问题，仍旧单纯依靠行政力量维护部门的日常运作，致使城建档案管理部门与公众的联系不紧密，没有较好地起到服务群众、造福社会的作用，与城建档案管理公共服务的初衷和基本理念背道而驰。目前需要加强城建档案公共管理服务的文化构建，提升城建档案管理部门公共服务意识，这样才能进一步发挥城建档案服务城市发展建设、满足人民群众美好生活需要的作用。

4. 安全意识薄弱

城建档案安全体系建设工作是城建档案信息资源建设的重要一环，是区域城建档案信息资源共享的重要保障。近年来，在数据开放共享过程中存在大量数据缺乏有效分级分类保护、跨部门数据操作安全难以保证、缺乏隐私及敏感数据控制保护机制、系统内大量错误数据无法真正为决策提供准确依据等问题，导致数据安全事件层出不穷。各城建档案管理机构由于安全意识不高、缺乏资金保障等问题，导致安全体系建设严重滞后。如湖北省内城建档案管理机构安全防护措施主要依靠内外网物理隔离和防火墙的方式，防护措施不健全，数据共享得不到保障。城建档案管理系统中由于数据录入错误积淀和数据格式不规范等问题导致系统中存在大量错误数据，影响了统计和分析结果，亟需开展数据清理。

（三）社会层面

1. 用户的档案认知存在偏差

档案认知是社会大众关注档案的最直接诱因和最终表现形式，然而在实际生活中，社会大众对城建档案的认知存在偏差，这对城建档案未来的发展造成了阻碍。用户对城建档案的认知存在偏差有以下原因：

第一，用户在日常生活中接触到城建档案的机会较少。大多数用户可能并不知晓城建档案，更加不了解城建档案的内容以及它的作用，可能只有当住房产生问题或者产生产权纠纷时，才第一次认识到城建档案和其重要性。例如，就算美国宪法对"一呼通"体系进行了规定，但也有仅有需要查询地下管线的用户才了解这一体系。

第二，城建档案因其本身的特性，受众的范围较小，用户数量相对较小，那能够对城建档案开发成果进行关注的用户就更少了。

第三，城建档案部门宣传不到位。除非遇到"世界档案日"这种特殊时间点，否则城建档案部门很少会进行宣传。更是由于用户的文化层次和档案意识的不同，并不是所有用户都了解城建档案开发的价值，并容易对城建档案的认知产生偏差。

综上，在这种情况下开发出来的成果将很难获得用户的关注，产生较大的社会影响力，也就无法支撑城市形象的构建。

2. 信息化发展不均衡

近十年，虽然城建档案信息化水平进一步提高，"存量档案数字化、增量电子化"工作全面开展，档案信息化应用水平和利用效率逐步提升，但各地城建档案信息化水平发展不一，基层信息化基础工作薄弱，并且差距还有加大趋势。以湖北省为例，截止到 2022 年 4 月，虽然被调查的城建档案管理机构均已开展馆藏城建档案数字化工作，其中个别机构的城建档案馆数字化率已经达到 95% 以上，但平均数字化率还不到 20%；部分城建档案管理机构实行纸质和电子档案双套移交模式，并推动"双套制"向"单套制"转变，但有 23 个部门的城建档案管理系统仍为单机版，仅适用于本单位对城建档案的管理；省内所有城建档案管理系统均为本地部署，应用系统、数据库和文件存储有独立服务器的只占 21.67%，不具备城建档案信息资源区域共享的条件。

3. 城建档案管理与时代发展脱节

科学化的城建档案管理工作为城市的发展打下基础，但是，当前却存在着显著的管理模式落后问题制约着城市经济的提升。从本质角度来看，技术手段落后是导致城建档案管理与时代发展脱节的主要原因，尤其是传统档案管理手段的延续使得管理效率不断下降，无法满足城市建设的需求。另外，部分地区不重视档案资源共享系统的建设，导致城建档案数据无法做到及时的交流，降低了档案资源的实用价值。

除此之外，传统的纸质城建档案管理未能进行全方位的改革，原始的文本数据经常因管理人员的失误而受损，造成珍贵的城建档案资源逐渐流失。时代的发展改变了人们的生活方式，对应的城建档案管理工作也在随着变化，但部分地区并不在意档案管理体系的建设，无法挖掘档案资源中潜在的信息，使得城建档案资源的价值无法体现、逐渐流失。

（四）技术层面

1. 信息技术运用不足

结合时代的发展要求，城建档案的开发工作必须充分运用现代信息技术。近年来，随着现代计算机技术的迅速发展，新媒体平台逐渐成为主流，人们越发关注新媒体。可以说，因为互联网的发展及使用使得越来越多的用户聚集在了一起。但目前城建档案资源开发集中表现为档案编研和展览，且仅仅局限于常规式的展现形式，缺乏通过利用现代信息技术展示城市形象和吸引用户的能力。

在全国 34 个省级行政区中，只有 10 家城建档案馆和 26 家综合档案馆建立了可访问的官网，可见有些档案部门缺乏互联网思维。另外，现代信息技术也是城建档案开发创新的关键。在大数据时代，能否熟练运用现代信息技术不仅关系着能否首先了解社会大众的偏好与需求，还关系着城建档案的开发效率、开发形式、开发成果宣传等方面。例如，石家庄市档案馆可以在官网上利用 VR 技术全方位地展示建筑之美，获得了极高的浏览量。相比之下，其他没有利用现代信息技术的开发成果浏览量寥寥无几。因此，对现代信息技术的运用不足将难以提高开发成果的社会影响力。

2. 存在"数据孤岛"现象

城建档案数据共享的成功离不开一个成熟的数据共享应用系统的支持。实现多业务场景下政府各部门的共享需求要求城建档案信息系统在新的业务场景下做出快速响应，完成对传统档案管理系统功能的改进和升级。然而，由于数据共享缺乏统一的顶层设计，共享的法律法规不健全，逐渐形成了跨部门的"数据孤岛"现象。数据标准不统一、网络环境不同、基础技术平台不同等原因成为阻碍城建档案数据资源共享的重要因素。

因此，许多城建档案馆无法满足"互联网＋政务服务"背景下日益增长的数据共享需求。在响应速度方面，共享技术支持变得越来越困难。例如，城建数字档案系统与政府服务网络、统一招标系统、综合验收系统、业务管理系统的集成度较差，数据共享服务接口少，"数据孤岛"问题严重。系统不能以开放、快速、灵活的方式满足城建档案馆在不同业务场景下的数据共享需求，导致数据共享陷入缺乏应用系统有效支持的被动局面。

第三章 现代城建档案管理理论基础

在城市发展中，城建档案所发挥的作用极为重要，高质量的城建档案管理对城市的发展极为有利。理论是实践的基础，要想对城建档案管理及其数字化展开研究，首先要了解与之相关的理论基础。本章围绕系统论、协同论、治理理论、档案价值理论、档案全程管理理论五部分展开研究。

第一节 系统论

一、系统论概述

（一）系统论的内涵

系统理论指出，系统是一个系统的基本属性，但它与系统本身是整体和部分的统一体不同，系统的概念与整体的概念是不同的。系统决定着系统本身的层次、结构和功能，决定着其本身的生存和发展；是对系统本身的存在和发展起基础性作用的部分（要素），是认识系统本身特点和作用的出发点。整体是由部分组成的，不能先于部分或脱离部分而存在，但它具有部分所不具有的新属性和新功能，不仅是部分的总和，而且整体大于部分的和。系统论是关于"整体"的总论科学。即在认识整体系统时，要从各部分（要素）入手，注意把握整体，在整体与部分、整体与外部环境的相互关系中把整体与部分有机地结合起来，对整体系统进行考查，以达到正确认识整体系统的目的。

系统论认为，整个人类社会主要由社会体系、经济体系、政治体系和文化体系构成。一个组织是由五大子系统构成的与外部环境界限明确的整体社会系统，它们分别是目标与价值子系统、技术子系统、社会心理子系统、结构子系统和管理子系统。同时，组织是一个与环境不断互动，并达到"稳定状态"的开放的社会技术系统，即在保持可操作性（能量转换）的同时实现动态平衡，并努力适应内部和外部条件的不断变化；以此类推，自然界和社会中所有开放的系统都可以被划分为子系统。一个系统的结构、行为和属性并不是其子系统的结构、行为和属性的简单相加，而是所有系统之间或子系统之间存在着相关的协同效应，组织管理的一个关键任务是寻求系统与环境之间以及子系统或子系统之间的一致性最大化，而组织的系统、环境与组织内部设计之间的一致性则是通过解放、释放、监督和协作机制使系统的各个子系统体现出相互影响的运行过程和优化过程的功能，从而产生更高的效率、效益和成员满意度。这种效率、效益和满意度是通过各子系统与优化机制、释放机制、监管机制和合作机制之间相互交流的运行过程来实现的。因此，实现系统功能的最大化既需要对系统各部分功能的利用，也需要对整体新功能产生的系统各部分相互联系、相互协作的探索。

系统论的基本思想启示我们，要从系统的角度来看待社会的发展，我们的社会是一个大系统，它包含着许多既相互独立又相互影响的子系统，所以要想让社会这个大系统稳定发展，就需要各要素相互协调，共同发挥作用。

（二）系统论的特征

1.系统整体性

系统最基本、最鲜明的特征之一就是整体性，系统之所以能够成为系统，首先就必须要具有整体性的特征。系统的整体性是指系统本身是由诸多相互作用的要素共同构成的具有一定新功能的有机整体，组成系统子单元的各个要素一旦组成系统整体，就会具有独立于单个系统要素所不具有的功能和性质，由此形成一个新的系统规定。系统的整体性表现出整体的性质和功能并不是每个单独要素的性质和功能的机械简单相加，而恰恰相反，系统整体是往往大于各个要素部分的性质功能总和。

2.系统适应性

系统处于不断地革新之中，系统如果对环境难以适应就会导致系统失效，经过调节重组的新系统将会补位存续。系统的适应性是指系统根据已有的或者即将面临的外在压力和环境风险所进行不断地调整改进，试图通过调整改进来重新规划系统发展的方向和行动，以此来减少社会方面、生态层面或者人为因素对外界变化的负面影响且保持原有状态的优势继续发展的过程。系统的适应性是一个发展的过程，是系统内部要素和外界环境通过主体和客体的相互作用所形成的一种平衡状态。

3. 系统层次性

系统的层次性是指由于组成系统的诸多要素存在种种差异从而使系统组织在地位与作用、结构与功能上表现出等级秩序性，形成了具有质的差异的系统等级。

系统的层次性是系统发展的连续性和阶段性的统一，系统的层次区分是相对的，不仅是相邻层之间会相互影响、相互制约，而且多个层次之间也发生着相互联系、相互作用。同时系统的层次也是多样性的，反映的是系统内要素之间客观的、纵向联系差异性之中的多种共性。

4. 系统目的性

目的性是系统相对于环境要达到的状态的特征，目的性是在系统形成发展过程中一个重要的特点。系统目的性是指系统组织在与环境的相互作用中，在一定范围内系统的发展变化不受条件变化、途径经历的影响或者少受其影响，整个系统在发展的进程中坚持表现出某种趋向确定的状态的特性。系统的目的性也可以称为功能性，每个系统都具有特定的目的，当系统的具体目标之间有矛盾时，要从系统的目的出发进行协调。系统的运行发展也是在目的引导下前进的。

5. 系统开放性

我们所处的世界是一个系统的世界，现实的系统都具有开放性的特点。系统的开放性是指系统具有不断地与外界环境进行物质、能量、信息交换的性质和功能的特点，系统对外部环境进行开放不仅是系统持续发展的关键前提，也是系统能够稳定存在的重要条件。

系统在发展中始终保持系统的开放性可以从外部环境中输入有用的物质、能量和信息，也可以在更大范围内发挥系统基本规律，如优化演化、竞争协同等，让物质、能量和信息能够最大程度为系统服务，从而有利于系统的持续生存与稳定发展。

（三）系统论的规律

1. 优化演化律

我们所处的世界是一个生生不息、发展演化的世界。演化标志着事物和系统之间的运动、发展和变化过程。系统本身就是处于不断变化发展、不断演化过程之中，其中优化问题历来是系统科学十分重视的问题，优化要通过演化得到实现，从而展现出系统的发展进化，这就是优化演化律。系统自产生起就处在不断的进化中，这种进化就是演化规律，而优化是在演化中得到了进一步的实现。我们所说的优化其实就是指整个系统朝着更高级的阶段发展，朝着更复杂的方面发展，这也是优化发展的方向和总趋势。

2. 竞争协同律

竞争协同律是系统论的基本规律之一，在20世纪以后随着科学的发展进步，人们愈发认识到协同对于整个系统发展优化演化的重要作用，清楚地认识到只有竞争和协同两者同时发力才是系统优化演化的真正动力。竞争协同律指的是系统与所处环境两者之间留存有整体同一性以及个体差异性的特性的规律。整体同一性主要表现为协同因素，个体差异性则主要表现为竞争因素，基于此系统的演化进化有赖于竞争和协同二者的强有力推动。

此外，不容忽视的一点是涨落是系统的固有特性，当系统处于稳定状态或者不稳定状态时，涨落都有或多或少的干扰，涨落现象在系统中普遍存在着，这也能够体现出系统诸多要素之中常常处于竞争状态。当涨落受到干扰后，系统处于不稳定的状态下，微小的涨落在得到系统的响应后就会得以放大，系统也会快速发展到一个新的状态，这也进一步说明了在系统内部发生涨落过程中，协同在发挥重要的作用。因此，可以概括为在系统优化演化过程中的创造性因素表现为竞争的积极作用，系统优化演化过程中目的性的因素表现为协同的积极作用，系统内诸多要素及其与外部条件环境交换的动力为竞争协同。系统能够存在的基础是涨落背后深层的系统各要素、结构部分及功能的差异性，系统的差异性能否在系统竞争碰撞中得到协同，这一点关系着系统最终的走向。

3. 信息反馈律

信息反馈律是系统理论中另一大重要的规律。在每个系统发展中都少不了信息反馈的作用。信息反馈在整个系统中具有很明显的交叉作用，在系统发展的过程中通过反馈给系统中多方面主体要素传递众多有效的引导信息，通过信息的传递呈现来帮助系统主体要素进行正确的判断和指导决策。信息反馈在整个系统中的调控作用直接对系统稳定性起着重要的作用。同时信息反馈有正面的、负面的，正反馈对系统的稳定性起着增强作用，其是一种比较常见的反馈，同时负反馈相对比较少见，负反馈会使得整个系统远离平衡状态或者稳定状态，在一定条件下，系统内部的涨落正是通过负反馈的作用得到进一步的放大，使整个系统的稳定性受到了破坏，通过正反馈使得系统重新追求到达一个新的稳定状态、平衡状态。在系统发展中通过信息正反馈、负反馈的相互转化和相互作用，在系统中促进或者抑制，保证了整个系统达到一定的稳态。

二、系统论在城建档案管理中的应用

在档案学的研究过程中，有许多学者利用系统论的相关思想展开相关研究，如陈丽颖等人就通过系统论的视角具体探讨了档案信息化建设的相关问题[①]；吴晓红则利用系统论的相关理念具体论述了档案灾害管理的工作方法[②]。从现有的相关研究看，系统论对于档案学相关研究的影响主要有以下两条：一是将档案管理的整个过程作为一个完整的系统看待，探讨档案管理过程中各环节之间的联系、层次和最优管理模式；二是具体划定档案管理这个系统和影响其发展的外部环境要素之间的边界，讨论环境对档案管理整个系统的影响机制。城建档案管理工作同其他档案管理工作一样，都是由收集、整理、鉴定、保管、统计、编目与检索、编辑与研究和提供利用等不同的过程要素组成。这些要素之间相互关联、相互影响，共同实现了城建档案管理有序化和有效利用的目标。城建档案实际上就是一个完整的系统，将其作为一个整体研究可以更好地揭示城建档案的特征和规律，也有助于明晰城建档案形成的环境因素。只有明确了城建档案现今所处的社会环境，即相关建设理念，才可以更好地适应城市的建设要求。

第二节　协同论

一、协同与协同论

（一）协同

所谓协同，就是两个或多个不同的资源或个人通过合作来达成一个目的，实现共赢。竞争并不是优胜劣汰，将对手置于死地，而是激励各方充分发挥自己的长处，或者持续发挥自己的长处，或者适时转型，寻求共同发展。目前，国际上很多国家和地区都认为，协同发展理论是人类社会可持续发展的理论基础。

---

① 陈丽颖，李亚珂，朱富成，等.数字记录时代档案信息化建设的思考——基于系统论的视角［J］.档案管理，2021（3）：60-61.
② 吴晓红.系统论视角下的档案灾害研究［J］.档案学研究，2013（3）：60-63.

协同是指在一个复合系统中，各个子系统或要素之间通过竞争或合作而形成耦合，从而使各个子系统在发展方向和发展程度上呈现同向运动，从而达到"1+1 > 2"的效果。

协同是指各要素之间由无序发展到有序的过程，各要素的移动方向、振幅、速度都显示出一致的趋势，说明各要素所代表的体系正在共同发展，整体呈现出一种有序的发展趋势。

（二）协同论

1969 年，德国物理学家哈肯（Haken）提出了协同理论，并在 1971 年和格雷厄姆（Graham）共同撰文编写《协同学：一门协作的学科》，正式将协同作为一门学科进行研究，书中重点讨论了不同体系由无序到有序状态的相似性。一方面，"协同学"要研究的是多个子系统的协同效应，从而在宏观层面上形成结构与功能；另一方面，为了探索组织的基本原则，需要很多不同的学科共同努力。"协同学"因此而成为世界范围内的一门新兴学科。

协同学理论是指系统在不平衡条件下，在与外部进行物质或能量交换时，系统自身的内部序参量之间进行交互作用，从而使系统在时间、空间和功能方面处于有序的状态。而协同度则是指由多个子系统、各个子系统和各个子系统之间的交互作用所形成的系统的有序程度。

二、协同论的基本原理

协同理论作为一个复杂的系统理论，把所有研究对象视为一个由众多组件、部件或子系统所构成的完整系统。各种组件、部件或子系统都将通过物质、能量或信号之间的转换或其相互影响产生作用。协同学由以下几种基本原理所构成：协同效应、支配原理、序参量原理、协同放大原理、协同度。

（一）协同效应

协同效应是协同论的基本原理之一，指两种或两种以上的组件相加或调配在一起，在企业生产、营销、管理等不同环节和不同阶段产生的整体作用效果大于单独作用产生的效应之和。从复杂系统角度来看，协同效应指当能量或物质集聚到某一临界值时，子系统间会产生协同作用，通过临界点处的质变推动形成稳定的有序结构，达到降低成本或增加收入的目的。

其中，经营协同效应旨在通过采用降低成本、优势互补、扩大市场份额及优化服务等手段改善公司经营现状，以协同论为指导提高企业生产经营活动效率及公司经营效益。管理协同效应落脚点在于管理，通过技术、组织、制度等方面协同带动管理协同，提高管理效率。财务协同效应作用于财务维度，协同作用推动公司产生更多收益。

（二）支配原理

慢变量、快变量和支配是隶属于支配原理的三种重要概念，按照不稳定性原理，当控制的参量改变到能够使新系统线性稳定性被打破的情况时，基本演化方程的变数可按照阻尼器特征加以划分，其中一般包括两类：前一种变数连接的阻尼效果较小，而另一类变数相连的阻尼效果很大。在靠近新系统临界点时，随时间改变而相对迟缓的是前一种变数，达到新系统平稳状态的条件弛豫时间很长，甚至趋于无穷大，所以称之为慢变数。快变量由于它的阻尼器比较大，并且呈现指数衰减的现象，所以弛豫时间也很短，代表着整个系统的稳态模式。由于系统内部各个子系统、参数或因素的性质不同，系统整体的影响往往是差异的、不均衡的，而在系统远离临界点时，所有子系统、参数以及影响着整体体系的这种差异和不均衡都会被压缩，甚至暂时不会显示出来。当控制参数的改变推动整体体系处于整个系统的线性不均衡状态或逼近整个系统的临界点时，这些差异和不均衡就会显露出来，也因此才能区别快变数与慢变数。控制系统中的快变数并不影响着控制系统的整体演化过程，但慢变数却支配着整体控制系统演变的全部流程，支配、影响并决定着快变数的行动，即控制系统中的快变数必然随着慢变数而相应地改变。从根本上来说，支配原理指出一个系统的有序构成是由若干个缓慢增长的模或变数所决定的，即慢变数，而控制系统的每个子系统都需要受到这若干个模的支配。

（三）序参量原理

序参量是协同论的核心原理，最早用于物理学中描述连续相变。一般来说，复杂系统中存在很多参量，每个参量的作用和意义是不同的，但起到支配作用的往往只有几个参量，协同学中把这种对形成系统组织结构起主导作用的参量称为序参量，它是描述、指示系统整体行为的宏观参量。

当系统的各个子系统协同运动到某一临界点时，它们通常会产生某种联系，这种紧密联系或产生协同合作，或产生竞争来支配子系统发生运动，从而导致系统内部出现序参量。序参量既是子系统协同程度的表征，又是子系统间任一形式合作关系的结果，对系统内部研究具有重要指导作用。

（四）协同放大原理

协同放大原理是指系统中各部分、组元或子系统之间的相互作用和协同功能所达到的超越单部分、组元或子系统的最大集体效能。在实际世界中，为更好地表达系统原理的实质，人们往往用"1+1＞2"来形象地表达系统。对于每一个庞大、复杂、开放和动态的体系来说，都具有多种协同功能和协同现象。整个系统有序结构的建立离不开系统内部协同功能的提高，而协同功能同时又是整个系统有序结构建立的主要内部力量。对一个复杂系统来说，子系统内部的所有协同放大效果都是随着外界力量的影响或物质的外加状态而到达了相应的临界点上，而这些协同的出现也可使整个系统内部在临界点上形成物质，并因此而形成协同效应，在形成新的稳态结构的过程中，促进了整个系统内部由无序到有序的转变。

在唯物辩证法中，协同的基本原理可总结为"整体大于部分之和"，即一个复杂整体的不同组成部分之间的交互能够实现部分所不能完成的作用，只不过这种效果的完成并非基于每一个组成部分的简单叠加。实现"整体大于部分之和"的根源在于开放不平衡系统的内外部因素相互作用：系统内部结构与外部发生相互作用，促进系统协同放大。系统内物质、能量和信号的差异性由系统的不均匀决定，而这些不同的相互作用又使系统中元素与子系统之间形成了非线性的动力学效应，使得差异通过系统协同放大，从而推动了有序结构的迅速建立，以达到总体优化目标，实现了系统的整体和谐。

（五）协同度

协同度是一种存在于机制间及机制内部的良性互动关系，表示机制与其他机制之间、子机制与子机制之间的关联作用，是机制、子机制和构成要素间的优化整合。

协同度是测度机制协同程度的重要方法，具体步骤如下：

①构建协同度的指标体系，确定序参量。

②计算基期和考察期的序参量和有序度，考虑到序参量对有序度的影响程度不同，一般采用加权法计算子机制有序度。

③在子机制有序度的集合平均数的基础上测算机制协同度。

三、协同论在城建档案管理中的应用

城市本就可以看作一个大系统，与其建设发展相关的工作则可以视为构成该系统的要素和子系统。也就是说，城建档案管理工作作为支撑城市发展的重要工作之一，可以将城建档案工作看作是城市这个系统的一个子系统。但是，在城市建设的过程中需要对多项工作进行协调，以达到将城市建设成为社会主义现代化城市的目标，而城建档案管理工作只是其中的一项工作。

所以，为了达到最终的建设目标，城市档案建设工作要不断与其他相关工作相互协调，不断与相关工作开展合作，才可以更好地服务于城市建设。如果将城市建设档案工作看作一个系统，则关于城市档案建设的收集、整理、鉴定、保管、统计、编目与检索、编辑与研究和提供利用等不同的工作则可以视为组成这个系统的子系统。要做好城建档案管理工作，除了要从整体上对整个系统的发展予以把握，还应当进一步对组成该工作的各项子工作予以关注，特别是各项子工作之间和影响城建档案管理工作的各要素之间应该如何协调。这样才可以促进城建档案管理工作的不断完善，更好地为城市建设提供来自城建档案的支持。

第三节　治理理论

一、治理理论的内涵

治理理论的创建人之一詹姆斯·罗西瑙（James Rosenau）认为治理是当多个规定因为冲突需要调解时，规则和决策程序发挥作用的一种管理机制。治理强调政府不再是唯一的主体，主体可以拥有多样性，如公司、社会团体等，社会网络从纵向控制向横向协调转变，命令体系由从上而下到合作协商转变，主体间成为合作关系，需要沟通和协商。

治理具有以下几个特点：

第一，治理的主体比较多元。治理的主体不仅限于政府，只要公众认可，即可自动成为治理主体。

第二，主体间承担的责任界限比较模糊。主体间管理的主体责任界限比较难以相互区分，关键的问题在于国家在责任转移时没有转移权力。

第三，治理各方主体成员间还存在政治权力关系的内在互相的依赖性和互动性。治理的过程应该是一个良性互动协调的发展过程，因为社会各个小组织本身都不具备可以自己去独立去解决世界上一切实际问题的能力，所以需要相互依赖，建立合作才能解决。

第四，存在公民自主管理、自主服务的社会化网络体系。由于主体间存在权力资源依赖和合作，因此势必要建立网络体系。这一网络的存在是通过治理主体间的对话，资源优势互换，各自为公共事务放弃原有的部分权利，最终达成目标一致的管理联合体。

二、数字治理理论

数字治理理论经过 20 多年的发展，相关理论已在欧美等西方发达国家产生了较大的影响，在我国也受到了学者的广泛关注与认同，并多次在政府工作报告中得以体现。数字治理理论作为城市建设档案管理及其数字化研究的基础理论之一，其研究层面也扩展到应用领域研究。

数字治理理论是在互联网数字技术的基础上结合治理理论而产生的，该理论强调通过构建公共部门扁平化的管理层级，发挥信息技术系统的重要作用，促进权利共享，实现双向的治理逻辑，是公共领域改革的一种新范式。

英国学者邓利维（Dunleavy）是数字治理理论的代表人，他认为政府在传统的治理过程中，政府内部记忆主要以书面存档等形式表现，但随着数字时代的到来，政府办公流程多以数字化与电子化形式的形式推进，办公过程也被再造和简化，这是数字治理模式的基础。与之配套的是"政府流程的数字化变革"，借助数字信息技术，政府的改造具有更为广泛的内容，不仅包括数据库的建设和充实，还包括一站式服务平台的搭建，即政府将不同的行政服务集合在统一平台运作，一次性解决民众的问题。可以说，数字化的行政方式、整体化决策的主体以及服务内容的重组构成了数字治理的关键要素。

数字治理理论以信息技术为应用基础，以回应民众需求为导向，并注重民众自治能力的培养，能有效提高政府的科学决策和社会治理现代化水平，同时也是数字化城市建设的重要理论基础，为现代城建档案管理数字化建设提供了有力支撑。

三、协同治理理论

（一）协同治理理论的内涵

协同治理学说作为近年来较有影响的社会科学学说，是在批判和接受新公共治理理论和重塑传统政治理念的新范式基础上形成的，推动了我国传统政治、公共行政体制的转型，形成了一个以政府治理为主导的、多方参与的公共治理理论创新方法体系，已在市场体制、司法决策、政治领导选择和公共服务经济等领域获得运用。

协同治理的出发点在于改变传统社会的单一中心的政府集权式管理，让治理区域内部的自发性内生力量在公共事务中发挥更大作用。协同治理理论强调多个参与者在主导行政力量下的协同，政府调动各方能动性共同创立治理规则和治理形态。行政管理意义上的协同治理模式从实践上说是在官方治理的主导下，引入多个民间治理主体并将其纳入体系，形成一个互相补充、互相制约的新整体。

协同治理理论认为，传统的单中心治理理论容易造成过度的集权和垄断。因此，协同治理理论强调因地制宜，在政府的引领下，引入市场、社区等多行为主体的加入，促成政府组织、民间机构等多个主体相互协调并形成合作，由此促进公共福利的总体性提高。

协同治理理论就其积极的一面而言，是将政府治理所具有的公共福利性、集中统筹性进一步保留并发挥的基础上，辅以市场组织及民间机构的效率性和适应性，通过有机结合的手段建立一套能够被福利需求者认可的共同物品供给模式。

（二）协同治理系统的特征

通过梳理归纳，协同治理将多个职能部门和权力机关通过协同的纽带联结在一起，综合各协同治理主体的立场和意见，以协商、竞争和合作等手段化解社会矛盾，共同商议出一致的解决方案，对社会问题和社会公共事务进行协作解决，在整个社会构架之中发挥着重要作用。

通过这一模式从根本上弥补了政府、市场和社会单一主体治理的局限性，实现协同治理各主体相互耦合、共同协作、信息沟通和资源共享，能够节省治理成本，促进效率治理的实现，维护公共利益。合作与协同是"协同治理"的核心要义，完善的协同治理系统应该具备如下几个特征：

1.治理主体的多元性

协同治理的特征是包容性和多样性，协同治理主体的多元化是协同治理的实现基础，在系统中应当不仅有政府部门，还应当有社会上广泛的行业群体和群众的参与。非营利性组织、营利性组织、商业组织、社会组织和团体等都应该纳入协同治理的主体当中，参与社会公共事务的管理。

2. 治理目标的趋同性

治理目标往往关系到各治理主体成员的利益，协同治理的多元主体也就决定了治理目标的公共性。在信任与合作的基础上，通过共同规则的制订，形成系统的责任共担机制，最终为了实现共同目标而做到各主体间合作共赢，最终实现各主体利益的最大化。

3. 治理权力的分散性

随着治理主体的多元化而产生的是治理权力的分散，各协同治理主体在一定的范围内均可以行使管理社会公共事务的权力。在协同治理系统中，各组织群体通过协商沟通、平等交流而形成的结论和决策是最具有公信力的，因为此种结果包含了协同治理各方的共同意见，具有平等性。

4. 治理对象的公共性

协同治理系统的对象应当是具有广泛性的社会问题，具有共性的矛盾才值得协同治理，协同治理目标明确是为了解决公共的问题。

5. 治理规则的法治化

法治渗透于治理的方方面面，是当代社会重要的治理形式。法治是治理的先决条件，因为没有基本的法治和体制机制，治理的各个方面都会发生变化，没有法治就没有善治。虽然治理的手段多种多样，包括行政、经济、法律和政策手段，但治理一般强调法治决定政府如何运作，规范政府、公共机构和市场之间的权利和义务，通过法律手段和有效监督确保政府权力的规范运行。因此，法治确保治理对象之间的行为规则是公开的、普遍的和有制度的。

6. 系统运作的规范性

协同治理的主要构架是系统性的，需要各个部门的协调配合，因此规范化的运行和治理主体的责任与职责、治理目标、实施方法、任务划分等问题应该制订形成各治理主体均认可的行动规则，各主体在对自身利益的追寻中建立合作与竞争、对立与统一的规范运作。

7. 政府的主导性

因为协同治理的各个主体的具体情况各不相同，资源禀赋亦有较大差异，因此容易产生信息不对称、力量不均衡等现象。为了加强协同治理系统中各个子系统之间的协作，约束各方权利，在协同治理的多元化主体中政府不是唯一的治理主体，但是作为公共事务的资源提供者、决策和执行主体，是资源优势的一方，政府部门的意愿在很大程度上影响着规则的制定，占据着协同治理的主导地位，具体体现在资金的保障、人员的配置、行动规则的制定和落实、治理系统的运转等方面。

8.运作模式的动态性

协同治理是一种动态平衡，是以尊重和理解为出发点追寻个体利益与集体利益平衡点的动态治理模式，因此呆板、固有不变的运作模式是无法适应协同治理的要求的。在组织构架的建立和设置中，应当确立动态调整、实时监管的原则，以此原则贯彻系统架构的各个层级和节点。

9.治理权威的多样性

由于协同治理主体的多元性，政府不再是治理唯一的参与主体与责任主体，权威也不再全是其单方面发出，各主体也有相应的权威。根据在系统协作中拥有的资源大小发挥作用并通力合作，开展共同事务的管理活动，达到社会利益最大化。

四、国家治理现代化

中国未来的发展是以治理现代化为目标的，而随着治理的广泛推行，国家与社会的关系必然会发生巨大改变；改革是以规避政治社会格局中对治理的不利因素为目的的，在调整中，将会更加强调政府之外的力量。

在2013年11月中国共产党第十八届三中全会通过的《中共中央关于全面深化改革若干重大问题的决定》中提出，"全面深化改革的总目标是完善和发展中国特色社会主义制度，推进国家治理体系和治理能力现代化"。该决定的提出标志着治理体系在我国制度层面生根发芽。随后，治理体系开始慢慢为学界所熟知，直到党的十九大报告中把国家治理体系和治理能力现代化称为"第五个"现代化后，国家治理从此成了各界关注的焦点。

国家治理的实质是通过治理体系和治理能力的现代化和法治化来实现国家治理的现代化。其中，治理体系是实施治理目标的基本法律制度体系，主要包括宪法、法律、行政法规、地方法规、行政规章等。国家治理能力就是国家实现国家治理目标的实际能力，由三个部分构成，一是国家机构的履职能力；二是人民群众依法管理国家事务、经济社会文化事务、自身事务的能力；三是国家制度的建构和自我更新能力。国家治理是指在理性政府建设和现代国家构建的基础上，通过政府、市场、社会之间的分工协作实现公共事务有效治理、公共利益全面增进的活动与过程。国家治理不同于国家管理的一元执政，更加强调治理主体的多元化，通过发挥政府、市场和各社会主体间的优势及作用，在法治化的基础上，通过网络及其他现代化技术，多主体共同管理社会公共事务，解决社会矛盾。

实现国家治理现代化需要依托具体的治理行动，具体来讲，就是要在各领域的体制机制安排优化上"做文章"，通过不断完善相关法律法规，进而扫除体制机制中存在的障碍，最终实现国家治理体系的法治化和科学化。

五、档案治理与城建档案治理理论

（一）档案治理理论

档案治理虽然在目的上与档案管理相同，两者都是以促进档案事业发展为最终目标，但其理论内核及行为模式与档案管理有很大差异。我国学界将西方治理体系结合中国特殊国情，对档案治理从决策者、主导主体和目的三个方面对档案治理下了定义，即以党政机关为宏观决策者，以档案行政机关为治理主导力量，通过吸纳社会各类档案机构、个人或社会组织共同参与，在党政机关制定的制度许可下进行合作共治，以促进档案事业的大发展为目的的过程。

档案治理在理论内涵及运行模式上大体与档案管理有四点不同之处，具体如下：

第一，治理主体的多样性。档案治理不同于档案管理由单一的档案行政部门或地方政府作为管理主体，甚至是不单单限制在档案行政管理部门内部。

第二，党委和政府不再是治理的执行者，而是通过进行政策的制定及监督激励制度的实行来对档案事业进行宏观调控。

第三，档案机构、个人及社会组织是档案治理真正的执行者。

第四，档案行政管理部门的工作内容产生变化，注重的将不再是如何管理好档案，而是如何通过对档案工作的宣传及激励政策来调动各主体参与档案治理的积极性。

档案治理与治理理论有相同的价值目标，都是形成法治、民主、高效、有序的治理格局，其中法治就是通过建立科学的法律制度、严格的监督体系来营造出全民守法的档案治理环境；民主是通过协同共治的治理模式来吸引社会各界共同参与到档案治理的体系中去；高效就是指通过建立合理的档案工作流程来提高档案的治理效率；有序的最终目的是在各方有效磋商的基础上建立起合理的工作机制，以达到档案各治理主体在治理过程中的有序运转。

因此，在档案治理的背景下，党政机关及档案行政管理部门就应该做好法律及制度体系的建设，协调各治理主体间的关系，明确档案治理循序渐进的目标及价值取向，为档案治理的有序进行提供发展方向。

（二）城建档案治理理论

城建档案一般意义上来讲就是城建档案馆接收的建设工程档案的统称，属于科技档案的一个重要分支，因此城建档案的治理与档案治理不存在明显差异。城建档案治理是国家治理现代化在档案体系中的应用再深度挖掘出来的产物。城建档案治理与档案治理理论基础大体相同，但因城建档案与建设部门有部分职能交叉而在治理过程中显得更加复杂。因此，城建档案治理是在档案治理的基础上，强调了各行政部门间的协同治理，即强调档案管理部门、建设行政管理部门、社会组织（包括施工建设单位、监理公司及学会）、市场和公民协同共治。

因此，可以将城建档案治理界定为政府部门、社会组织和公民个人等多个治理主体共同协作，基于一定的行动规则（法律及制度）共同对城建档案事务进行科学、有效的治理，最终使城建档案领域实现善治的过程或活动。

第四节　档案价值理论

一、档案价值的形成

档案价值不仅具有丰富的内涵，且具有广泛的外延。很长一段时间以来，档案理论界对此展开了广泛的讨论，普遍认为档案是由文件转化而来的历史记录，一定历史条件下的社会实践产生相应来源、内容和形式的档案，档案具有优于其他材料的重要作用和价值。

（一）档案价值形成于社会实践

历史唯物主义告诉我们，档案价值源于社会实践。社会实践既是档案价值产生的本源，通过复杂多样的社会活动使档案具有各种积极属性，又通过社会需求使档案保存价值向利用价值进行转变，从而能够更好地服务于社会发展和时代进步。

中国档案学家吴宝康主编的《档案学概论》指出格式档案源于一定的形成单位，产生于形成单位自身的活动。于是，在社会实践活动中形成档案便成为一种必然性和普遍性的社会现象。社会实践和历史发展进一步证明，档案作为档案价值的物质载体，只有进入社会活动领域，才能与人的需要构成价值关系；而且社会越发展，对档案的需求就越高，社会条件越好，档案能发挥的作用就越大。社会实践不仅是档案价值产生的本源，也是实现档案价值的必然途径；只有通过档案利用，才能使档案价值与社会需求相结合，从而形成统一的价值关系。

（二）档案价值的实质是形成者职能意义的客观反映

档案价值是客观的，有其特定的来源和内容。一定的社会单位和个人的职能活动是档案价值的特定来源。档案的本质属性在一定程度上对档案价值的依附性起到了决定性作用。档案价值的内容事实上是形成者职能活动意义的客观反映。

二、档案价值理论的内容

学界一直以来都将讨论的焦点放在对档案价值的相关研究上。档案价值论是具体论述档案对社会和国家有何种价值的一系列理论，如主体价值论、客体价值论和关系价值论。不同研究者对档案价值认识的不同主要是由研究者开展研究的角度不同造成的，但相关研究关于档案价值的实质的认识是一致的，即不同历史时期以各种形式存在或保存在各种载体上的不同内容的档案客体与各方面档案利用主体之间的关系。这些研究不仅仅指出了档案的价值，而且为更好地实现档案的相关价值提供了理论支持。档案起初只起到帮助人们"记忆"的价值，即通常说的凭证价值，但随着社会的不断发展，档案不再仅作为社会活动的凭证，而赋予了其更多的政治因素。

现今，我国原来以政府为中心的档案管理工作逐渐转变为以社会为中心的档案管理工作，档案的相关主体也逐渐由政府扩大到整个社会，而在这个过程中，档案的来源和形成主体也得到了很大程度的扩展，使得档案的价值呈现多元化的特征。

随着近年来"智慧城市"建设的提出以及相关智能设备的使用，档案在实现自身价值时体现出价值实现的多样性和针对性、实现程度的深刻性和时间的延展性。城市建设档案作为众多档案中的一种，其最重要的价值就在于它真实地反映出了整个城市的变迁和建设情况，记录了城市建设的相关经验教训。除了记录着城市发展的真实情况，这些城建档案信息所体现的城市建设经验对于今后城市的建设来说同样是宝贵的财富。城建档案除了从宏观上看对整个国家的城市建设具有参考价值，在维护个人合法权益、解决民事争端的过程中也发挥着自己独有的作用。

三、档案价值论在城建档案管理中的应用

作为城市建设的真实记录，城建档案的价值也得到了相应的拓展，即城建档案已经不仅仅能够为未来城市建设提供重要支撑，而且成了城市记忆的重要组成部分。城市建设对许多先进理念进行了融合和体现，而这些先进的理念和城市建设的方式正是通过档案这一载体被留存下来的。

随着数字城市和智慧城市的建设不断推进，城市建设和发展中的相关数据不断增多，通过对这些留存下来的档案数据进行合理利用，不仅有助于现今建设者对城市建设存在的问题进行分析，而且为未来研究城市的发展提供了支持。城建档案记录着城市这片土地的变迁，虽然古老的建筑因为城市发展的需要而被拆除，但仍然能够通过城建档案来对其面貌进行窥探。

所以，城建档案不仅仅是现今实现现代化城市建设目标的重要信息源，而且是记录、保存城市建设历史，保存城市文化，留存城市记忆的重要载体。档案价值论正是引导我们厘清现今城建档案价值的重要基础，也是进一步明确我们对城建档案管理意义的重要理论。只有明确这一点，研究城建档案及其管理才具有一定意义，才能更好地为城市建设提供服务。

第五节　档案全程管理理论

一、档案全程管理的内涵

所谓档案全程管理，即档案部门在文件形成之初就要介入管理，由文件形成者或兼职档案管理人员对文件按照归档范围、归档要求进行收集、整理及保管，直到归档时才能向档案部门移交文件的过程。在档案全程管理过程中，档案部门

需要更多地参与文件前端的控制，并运用制度、标准等指导和监督各部门兼职档案管理人员的文件管理，从而促进归档效率的提升。

在制定规章制度和标准时，应将档案工作纳入企业管理的各个环节，提出相应的责任要求。档案工作制度应包括档案管理规定，分管领导责任制，部门文件材料形成、积累与归档的职责及档案考核机制，档案管理应急预案等。

档案管理制度应按照国家、行业有关档案工作的法规、标准，结合本企业实际情况制定。一是文件材料归档制度。应明确文件材料归档范围、归档时间、归档程序、归档要求以及控制归档质量的措施。二是档案保管制度。应明确档案保管工作原则和制度、各门类档案保管条件、特殊载体档案保管方式、档案清点检查、对受损档案的处置办法、库房管理职责与要求。三是档案鉴定销毁制度。应明确鉴定工作的组织及职责、鉴定原则、鉴定方法、鉴定时间和销毁要求。四是档案统计制度。应明确统计内容、统计要求和统计数据分析要求。五是档案利用制度。应明确档案提供利用的方式、方法，规定查（借）阅档案的权限和审批手续及查（借）阅和归（催）还档案的要求。六是档案保密制度。应明确档案形成者、档案管理者、档案利用者应承担保密的责任。七是电子文件管理制度。应对企业各信息系统中形成的电子文件提出归档、管理和利用要求。八是档案管理系统操作制度。应明确档案管理系统操作人员的职责，档案管理系统软件、硬件的操作要求。

二、档案全程管理理论在城建档案管理中的应用

随着信息化技术的发展，电子文件、电子档案、数字档案大量产生，档案全程管理理论逐渐被用于档案管理领域。档案全程管理理论以文件生命周期理论为基础，该理论认为档案从形成到永久保存或销毁是连贯、一体的运动过程。不同阶段的文件与服务对象、保存场所和管理方式之间存在内在的对应关系。"档案全程管理"是在"后端"管理的情况下被提出来的，它既可以兼顾档案归档质量，又能提高档案整理效率。

档案全程管理的实质指的是在文件或图纸等材料形成之初，档案管理机构或部门就介入相关管理，由文件制作者或其管理员对文书或图纸等材料按照归档要求进行整理及保管，直至需要归档时，按规定将文件或图纸等相关材料移交给档案部门的过程。在档案全程管理过程中，档案部门需要更多地参与文件端的控制，并制定或依据相关制度、规范、标准等对相关档案来源单位、机构的档案管理进行业务指导和监督，进而达到提高归档效率的目的。

在智慧城市建设背景下，城建档案全程管理的基本思路就是通过使用互联网、物联网和云计算等高新技术，控制好城建档案的源头，在实现城建档案资源体系的智慧收集、智慧整合建设的基础上，采用城建档案新的管理理念对城建档案进行智慧管理，构建具有智能化、协同性、多元化特点的城建档案服务体系，从而实现城建档案智慧服务。换言之，智慧整合、智慧管理以及智慧服务就是城建档案全程管理理念的体现。

第四章　现代城建档案管理基本工作

城市建设档案是城市建设发展的印记，同时也是公共服务的重要组成部分，做好城建档案管理工作对于城市建设、发展和管理工作具有重要的指导意义。在现代发展视阈下针对城建档案管理基本工作开展研究，希望能够解决城建档案管理面临的困境，为城建档案管理事业发展提供新的思路。本章则围绕城建档案收集工作、城建档案整理工作、城建档案鉴定工作、城建档案保管工作、城建档案检索工作、城建档案编研工作展开研究。

第一节　城建档案收集工作

一、什么是档案收集

档案收集工作主要包括对相关档案材料的集中汇总，对今后的规划、管理和发展有重要的依据和参考价值。在档案工作中，收集工作作为档案工作最为基础也是最为关键的一个环节，直接影响了整个档案工作的内容和信息的有效性。档案作为一种信息资源，作为相关实践活动的记录和基础工作，属于一种无形资产。如何规范化、科学化、系统化地展开收集工作，助力档案管理的有效性，从而规避风险和降低试错的概率，这是档案收集必须要做的一项基础性工作。

二、城建档案收集工作的内涵

城建档案收集是接收和征集具有保存和利用价值的城建档案，将其集中保管在城建档案馆（室）的一项工作。其内容主要包括四个方面：第一，机关档案室（基建部门）对本机关需要归档的城建档案（工程档案）的接收；第二，城建档案馆（室）对其接收档案范围单位的具有长久保存价值的城建档案的接收和征集；第三，城建档案馆（室）对城建历史档案资料的征集；第四，城建档案馆（室）

对零散残缺资料的补充性收集归档（如成套文件材料归档后，对不断产生的新的附加材料做补充性收集；由于种种原因，有的档案资料不完整、不成套，需要做补充收集；有的重要建筑物、构筑物档案完全散失，需要做补救性收集等）。

三、城建档案收集工作的优化策略

（一）健全档案收集的制度，为城建档案的征收提供组织保障

俗话说："无规矩不成方圆。"同理，没有健全的档案收集制度作为依托，档案的收集工作就没有办法完成。一是明确文件资料产生单位的移交责任和义务，明确文件产生单位的职责，要求移交单位要建立资料台账，履行收集、整理、移交档案管理部门的职责；二是明确档案管理人员的责任和义务，档案人员要建立深入一线常态化机制，跟踪指导文件材料的形成、整理，确保文件材料收集的完整、准确、真实和有效。

（二）推动档案建设平台和方法的数字化、信息化，促使城建档案收集智能化运行方式得以实现

在信息化时代背景下，档案数字化、信息化是必然发展趋势。针对档案收集中数字化、信息化建设不充足的问题，城建档案部门应注重对大数据以及相关的智能技术的充分利用，推动以信息化、数字化为标志的智能化平台的建构和完善，注重城建档案的数字化、信息化建设，为城建档案的收集提供信息化和数字化服务。

（三）坚持依法治档，推动档案建设管理的法治体系不断完善，促使城建档案收集法治化运行方式得以实现

推进档案现代化建设需要强有力的保障。针对当下档案收集工作中存在的法律问题、规则问题，城建档案部门应加大自身档案建设和管理的法治化建设，不但要注重工作部门法治素养的提升，而且要根据档案收集中可能出现的各种问题进行制度预设，尽可能用法治的方式规范固定下来，这样就可以为档案收集过程可能出现的各种情况进行法治化的保障。

第二节　城建档案整理工作

一、什么是档案整理

档案整理是档案管理工作的核心，对促进各个环节的协调发展以及整个档案管理系统的良性运转起着重要的基础作用，可以有效提高档案管理水平与管理质量，充分发挥档案价值。

（一）档案整理的含义

官方将档案整理的含义概括为按照一定原则和方法，对零散的和需要进一步条理化的档案进行分类、组合、排列、编目，使档案系统化的工作。综合关于档案整理的相关文献也可总结为，档案整理就是按照文件材料的形成规律，根据科学的理论和方法，对收集来的档案进行分门别类，把档案整理成便于保管和利用的有序体系的业务活动。

（二）档案整理的过程

1.基于的理论基础

（1）来源原则

"来源原则"是一种较为科学的档案整理理论和方法，是档案整理的至善原则和一切原则中的最高原则，它是当前世界各国公认的档案整理原则，指的是档案馆按照档案的来源进行整理和分类，要求保持同一来源的档案不可分散、不同来源的档案不得混淆的整理原则。可将其归纳为三个基本点：尊重来源、尊重全宗的完整性和尊重全宗内的原始整理体系。首先，档案馆应按照来源标准整理档案，保持档案与其形成者之间的来源联系；其次，要做到同一全宗的档案不可分散，不同全宗的档案不得混淆，以维护全宗的完整性；最后，要尊重全宗在形成机关获得的原始整理顺序和方法，不要轻易打乱重整。

来源原则从历史主义的思路出发，充分体现了档案形成的历史联系，维护和保持了档案的本质属性，有助于揭示档案的来龙去脉，它确立了档案实体整理和分类的基本单元，从这个意义上看，来源原则就是档案整理的理论基础，既具有理论性，又具有实践指导性。

（2）全宗理论

"全宗理论"是档案实体分类的理论基础，没有它的指导，档案实体分类就很难科学地进行。全宗是一个国家机构、社会组织或个人在社会活动中形成的档案有机整体，它是档案的基本分类和管理单位，区分全宗也是档案实体分类的重要环节。依据全宗理论来整理档案，要做到统一全宗的档案不能分散、不同全宗的档案不能混淆。

目前我国档案全宗的类型主要包括机关组织全宗和人物全宗、独立全宗、联合全宗、全宗汇集和档案汇集。档案实体只有按全宗来整理分类，才能客观地揭示档案内容的实质，正确评价档案的价值，为档案的提供利用奠定科学基础。按全宗整理划分档案可以较好地反映立档单位的基本历史面貌，从而更为有效地开发利用档案信息资源。随着档案事业的发展，我国的档案学者还提出了一些适合我国档案管理工作的全宗理论，如何嘉荪教授就提出了主客体全宗理论，即把社会实践活动分为主、客体，由此形成的全宗就是主体全宗和客体全宗[①]。

2. 整理的基本流程

参照国家档案局发布的《机关档案管理规定》（2018 年 10 月 11 日国家档案局令第 13 号公布，自 2019 年 1 月 1 日起施行）和中华人民共和国档案行业标准《归档文件整理规则》（DA/T 22—2015）等相关规定，可将档案整理的基本流程概括为确定档案整理单位、揭示档案之间的内在联系、确定档案先后次序、为档案提供唯一标识符以及编制检索工具等，即组件（卷）、分类、排列、编号与编目五个步骤。整理的基本方法有两种：以案卷为单位整理和以件为单位整理。以案卷为单位整理时要按照文件材料在形成和处理过程中的联系将其分类、组合与编目，形成卷；以件为单位整理时要注意按照文件材料形成和处理的基本单位进行整理。零散档案具体整理流程如下：

第一，进行组件（卷）。要确定档案的基本整理单位，即组件或组卷，以此明确件（卷）的构成以及件（卷）内的排序。第二，把即将完成组件（卷）的档案按照分类方案划分并归入相应的层次和类别，揭示档案内在联系，使档案形成一套完整的有机体系。一般采用年度—机构（问题）—保管期限、年度—保管期限—机构（问题）等方法进行三级分类。第三，在分类方案最低一级类目内，根据一定的方法确定档案先后次序并对其进行逐一排列。第四，对分类排列后的档案进行档号编制，即赋予一组数字、字符的集合，直观地反映出档案的基本属性，

① 何嘉荪. 关于"主、客体全宗论"的思辨［J］. 档案学通讯，1992（5）：18-22.

指示档案在全宗中的位置。第五，以件为单位整理档案应编制归档文件目录，以卷为单位整理档案应编制案卷目录和卷内文件目录。目录编制时应按照分类、排列的结果依据档号顺序，逐卷、逐件开展。档案整理工作流程如图 4-1 所示。

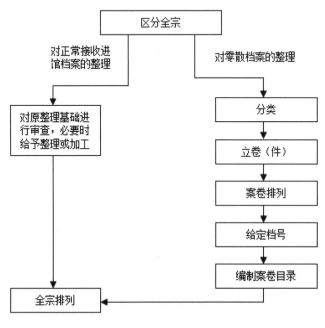

图 4-1　档案整理工作流程

二、城建档案整理工作的内涵

城建档案的整理工作就完整意义上讲包括两个方面：一个是归档前的整理，一个是归档后的整理。前者整理的对象是城建文件材料，整理工作就是城建文件材料的系统化，整理的结果是形成一个一个的保管单位（卷、册、盒、袋）；后者整理的对象是保管单位，整理工作是对档案管理部门（馆、室）接收的所有保管单位进行分类、排列和编号、编目，也就是实现保管单位的系统化。

三、城建档案整理工作的优化策略

（一）正确认识城建档案整理工作的重要性

在具体工作中要充分了解城建档案整理的重要意义，并将城建档案整理在具体工作中逐渐深化和完善。要推动宏观控制进一步加强，促进城建档案工作的改革，使之与城市规划紧密结合，服务于城市规划。要注意对城建档案整理的重要意义进行充分了解，并根据工作需要进一步强化城建档案信息化，使之达到平衡发展。要注重对城建档案资料的开发和使用，不仅要把工作的重点放到收集整理上面，还要结合相关的监管和考核制度，创造一个适合城建档案管理体制改革的氛围。

（二）完善城建档案管理制度

首先，要特别注意的是要保证城建档案数据是真实可靠的，这是今后城市规划开发和使用的基础。合理分配各个部门的城建档案工作职责，并确保自身职责得到有效落实。其次，要做好档案的归类整理工作，合理界定存续期限，以求为详细合理的管理制度的有效制定奠定基础。最后，要在城建档案管理工作中推动责任追究制度的健全与完善，促使工作效率进一步提高，避免因疏忽大意而导致错误。

（三）保证档案的真实性和完整性

城建档案馆在日常整理工作中要加强对其的监管与控制，确保其真实、完整，为今后的发展打下坚实的基础。在有必要的时候，要结合工作的实际需求与城建档案的特点建立健全整理与稽查制度，推动监管方法不断创新，这是查找和处理城建档案信息不全问题的重要措施。要对档案进行定期的核查，发现有遗漏或损坏问题立即解决，把工作职责细化到每个人，并制定相应的监督和考核制度，以保证整理工作的效率。

第三节　城建档案鉴定工作

一、什么是档案鉴定

档案鉴定实际上就是对于档案进行选择和处置。档案的鉴定一直是并且将持续成为文件处置和留存的关键问题，也是档案管理工作中的基础性工作之一，无论是在档案的收集、整理、保管、检索的哪一个工作环节，档案的鉴定都是其中重要的工作内容。在原生数据态档案的管理阶段，如何更新、发展和拓宽档案鉴定理论的内涵和边界，使其更好地适用于现行档案鉴定工作，实现档案信息资源价值的最大化，从而避免造成人力、物力等资源上的浪费，是档案学界亟需关注的内容。档案鉴定的重要性主要体现在如下几方面：

第一，有助于档案的优化精简。对档案本质价值的科学鉴定可直接影响档案质量。一些超过保存年限或重复的档案文件的逐年累积大大加重了档案管理负担，并增加了存档信息冗余度，通过进行档案鉴定将无保存价值的档案销毁，可以促进资源合理利用。

第二，有助于促进档案管理资源的充分利用。现阶段有关档案管理的人力不足、经费不足、设备不足、库房不足的问题已经广泛存在。在这一现状下，档案数量仍呈逐年增长的趋势，不仅进一步增加了档案管理工作的矛盾性，也严重阻碍了我国档案事业的可持续发展，即便采取现代化信息技术也难以在短期内缓解巨大的档案收藏量问题。对此就需要合理进行档案鉴定，以确保有限的人力、财力、物力的价值与作用能够得到充分发挥。

第三，有助于提高档案部门服务质量。针对档案部门而言，利用档案信息资源服务社会是其主要的工作任务，如此就要求相关工作人员能够快速、及时、准确地为社会提供翔实、全面的档案材料，以最大化地满足社会需求。而这一要求则依赖于相关工作人员对档案价值的鉴定，只有其充分掌握档案价值鉴定方法，才能够合理整理出有价值的档案，提升服务质量。

二、城建档案鉴定工作的内涵

（一）城建档案鉴定工作的含义

城建档案鉴定工作是科学管理城建档案的必要环节，对于提高库藏档案质量、安全保管城建档案、实现现代化管理、充分发挥城建档案的作用都有重要意义。

通过鉴定工作进一步核查和鉴别城建档案的质量状况，剔除失去保存价值的部分，对不完整、不准确的部分采取措施进行补救，以保证城建档案完整、准确。

（二）城建档案鉴定工作的原则和主要内容

1. 总原则

建筑物在，则城建档案鉴定工作在；建筑物已经拆除，则分期分批进行鉴定，时间由远及近；重要的、有代表性的建筑物，鉴定时需谨慎斟酌判断。

2. 主要内容

第一，档案价值的鉴定。一是完整性（成套性）鉴定。主要是对城建档案材料的完整性、齐全性进行鉴定，保证其具有成套性特征。全套的建筑工程竣工档案包括多方面的文件和资料，即基建文件、施工资料、监理资料、竣工图等。

二是原始性鉴定。移交进馆的城建档案必须是印有图章且具有法律效力的档案原件。三是准确性的鉴定。这里提到的准确性主要是指档案信息的可靠性、准确性，如城建档案中的竣工图是否与建筑实物相符。为了使档案信息的准确性得到保证，工程项目在完成档案登记工作后，城建档案馆会派出负责全程跟踪指导的专业人员，以便确保建设单位在工程关键节点能够准确全面地记录工程概况，最后形成完整、准确、无误的工程竣工档案。四是利用价值的鉴定。城建档案具有多方面的利用价值，其中包括规划建设相关业务部门工作需要，档案权属单位查询利用，档案编研部门研究查考，国家公检法、企事业单位和社会公众查询维权，城市建设教育宣传等。在推进城建档案利用价值的鉴定工作时需要多方面考量。

第二，保管期限和密级的鉴定。城建档案鉴定工作的操作原则基于提供利用服务而进行，主要是对档案的保管期限和密级进行鉴定。

三、城建档案鉴定工作的优化策略

（一）解放思想，充分认识城建档案鉴定工作的意义，加强城建档案鉴定工作的顶层设计

城建档案鉴定工作不仅可以减轻馆藏的压力，提高档案管理的效率，将有限的资源真正应用到值得保存的档案中，对促进城建档案事业的可持续发展具有深远的意义，而且能够对城建档案信息起到过滤作用，为城市规划、建设管理提供准确可靠的信息。切实推动城建档案鉴定工作的开展，必须加强城建档案鉴定工作的顶层设计，将档案鉴定工作纳入衡量档案事业发展的重要指标中，在档案领域加大档案鉴定工作的研究和宣传力度。国家档案行政管理部门和住建部要加大城建档案鉴定工作的指导力度，消除档案鉴定工作人员的思想顾虑。

（二）成立鉴定工作小组，并制订确实可行的工作方案、鉴定工作标准，明确鉴定工作原则

首先，由相关专家、库管人员、移交单位等组成鉴定工作小组，通过鉴定评价相关档案，形成初步意见；其次，依据初步意见，撰写工作报告，由上级主管单位审议；最后，审议通过后，档案管理部门对档案进行系统标识，依规开展销毁或开放利用工作。

（三）确立城建档案的保管期限

城建档案保管期限要本着根据鉴定档案价值的原则，对城市有政治意义、纪念意义的工程以及重点保护工程和古建筑的相关材料应永久保存，国家和城市的重要工程和大型工程的设计材料应长期保存。此外，应从全面的、历史的、发展的观点出发，从城建档案的内容、时间、来源等方面来分析其科学的、历史的和现实的价值，从而划分不同的保管期限。

（四）设计合理的城建档案数据价值鉴定流程

现如今由于技术环境的不断发展变化，档案载体形态开始由数字态向数据态转变，许多档案数据一经计算机产生就是以数据的形式存储于数据库、数据表之中，这种由数据构成的档案会成为未来档案的主要形式，这是大数据时代档案形态发展不可避免的趋势。因此，在此背景下，应当针对城建档案数据价值鉴定流程进行合理设计。

城建档案数据的价值鉴定活动并不是由城建档案管理人员能够独立完成的，鉴定工作是一项系统性活动，鉴定工作的顺利开展和进行需要不同领域专业人员的协同配合和共同参与，其鉴定过程也是十分复杂的，不仅需要确定参与城建档案数据价值鉴定主体，也需要设计一个科学、合理的鉴定工作流程，依据设立的鉴定原则和标准指导鉴定工作的高效开展。

1.城建档案数据价值鉴定人员组成

我国对于档案价值鉴定主体人员的认识一般是依据"三结合"的原则，档案人员、业务人员和有关领导应该共同参与档案价值的鉴定工作，且这项原则广泛地存在于我国档案相关的法规标准之中。"三结合"的鉴定主体原则同样适用于城建档案数据价值鉴定工作。

城建档案数据价值鉴定的主体参与人员应为数据生成部门人员、城建档案管理人员和计算机领域专业人员。

数据生成部门人员负责对产生数据的业务活动进行分析，保障城建档案数据来源的全面性，数据生成部门人员不仅是城建档案数据的形成者，也是城建档案数据最相关的第一利用者代表。

城建档案管理人员负责根据档案法律、法规和行业规范，指导数据鉴定工作的开展。在鉴定过程中确定城建档案数据的价值、归档范围、密级和保管期限，判断城建档案数据是否长期保存和保管的基本要求和标准。

计算机领域专业人员负责在技术上实现城建档案管理人员提出的城建档案数

据鉴定的功能要求，包括城建档案数据捕获接口实现方式、城建档案数据价值鉴定的"四性"检测要求等。

2. 城建档案数据价值鉴定流程

城建档案数据的鉴定需要遵循全过程管理和前端控制的思想。数据相较于具有固定版式的电子文件，其产生、传输和保存都更有被篡改的风险，因此要在数据生成时就对数据的操作进行记录，进行实时的跟踪和记录，形成操作日志，从数据产生的前端对数据进行有效管理，保证城建档案数据的完整性和真实性。

城建档案数据价值鉴定的主要流程包括：①确定鉴定主体人员，城建档案数据鉴定工作需要多主体、多部门协同参与；②确定需鉴定的数据，确定鉴定对象的范围，也就是城建档案数据的范围，并不是所有的城建档案数据都需要进行鉴定，那些没有归档和保存必要的城建档案数据就不需要进行鉴定工作；③确定城建档案数据鉴定标准，根据鉴定对象在内容上的特殊性确定相应的鉴定标准规范和操作指南；④在技术上实现鉴定功能，城建档案数据的鉴定工作要依靠数据管理系统和档案管理系统共同完成和实现，应将现阶段有效的关于城建档案数据价值鉴定技术指标的内容和方法固化在数据生成系统和城建档案管理系统的接口功能之中，在系统中通过归档接口的功能集成设计实现城建档案数据的采集、预处理和价值鉴定；⑤要进行对鉴定结果和效果的复核，对鉴定结果进行完成度检查，对于未实现鉴定要求的功能进行整改。

第四节　城建档案保管工作

一、什么是档案保管

档案保管是指按照集中统一管理的原则，通过对必要库房和设备的有效利用科学地保管相关档案，并采取妥善的措施减少对档案造成损毁的各种不利因素的影响，以实现对档案的最大程度的维护，保证其齐全性、完整性与安全性，延长档案的寿命。

由于档案工作遵循集中统一管理的原则，保管工作既要实现安全、可靠的管理，又要能够方便、有效的利用，因此必须加强对档案库房的日常管理工作，注意改善保管条件与保护环境，尽量减少档案材料的损毁，延长档案的寿命，确保其系统、完整与安全。档案保管工作的基本内容如下：

①库房的日常管理工作。包括按照档案的库藏数量正确合理地选择档案保管的设备和装具，按照一定的原则与方法对档案进行存放保管，制定科学可行的库房管理制度，开展日常的借阅工作等。

②档案的保护工作。包括选择条件适宜的库房，选购环境保护设备，对档案形成质量监测建议等。

③档案的修复工作。这是指对于由时间因素或其他原因造成的库藏档案材料的破损应及时进行检查并采取措施进行补救，包括定期检查、及时修复、复制补救等。

二、城建档案保管工作的内涵

保证档案的真实完整性是城建档案保管工作的重要任务之一。城建档案保管工作主要是对城建档案资料进行保护，确保城建档案资料的安全，延长保管时间，方便相关人员对城建档案资料进行利用。因此，城建档案保管工作应在以下几点加以注意：

一是档案库房的选择。单独设立城建档案资料存储库房时，需要按照相关规范制度合理地对库房进行选址。

二是档案装具的选择。需要符合城建档案资料保管的要求，根据城建档案资料的特点对案卷柜、档案卷盒、卷夹、卷皮等进行合理的选择。

三是档案日常保管工作。档案柜排列完成以后，需要对档案柜进行贴顺序号的工作，还要设计出城建档案存放的平面设计图，提高查找档案的速度。对于城建档案的借阅以及临时调动，需要对使用去向进行记录。

三、城建档案保管工作的优化策略

第一，优化城建档案的保管条件。应给档案建造一个安全又坚固的"家"，对库房不利状况进行大规模的改造，加固提升库房的地基基础，改善库房环境，安装库房保护综合管理系统，极大改善档案的保管条件。

第二，逐步实现城建档案介质的升级，为数字化建设打基础。要增强应对在特殊情况下满足城建档案信息快速查询利用要求的能力，这就要求城建档案馆提升管理水平，逐步实现城建档案介质的升级，采用文档扫描仪和工程扫描仪，将城建档案的文字、图纸、照片等转化成影像储存于光盘、软盘等移动储存工具上保管，这样加快了档案检索的速度，准确性、完整性得以提高，为将来建立数字化档案打下坚实的基础。

第三，引进新型的声像档案存储和管理系统——媒体资产管理系统，对现有声像资料进行数字化管理。该系统具有海量存储、快捷查找、可以进行大规模的资源统一管理等优点，在系统内部还可以进行资源交互和共享，大大提高了工作效率。

第五节　城建档案检索工作

一、什么是档案检索

（一）档案检索的含义

档案是社会轨迹的原始记录。随着我国政务公开和档案开放的进程加快，越来越多的机关工作人员、科技人员乃至普通公民开始了解和利用档案这种具有特殊价值的信息资源。我国档案数量庞大，内容丰富，时间跨度大，分布面广，要想从众多的档案中获得特定的档案，除了掌握档案的分布情况，还必须借助科学、高效的检索手段或方法。

档案检索是指档案馆（室）把所藏档案的信息按照档案法编制成各种档案检索工具，形成档案计算机检索系统、手工档案检索工具系统，最终查询出所需档案的全过程。对专业从事档案检索及其系统开发、研究和设计的专业人士来说，"档案信息存储与检索"是"档案检索"的完整含义，"档案信息存储与检索"被简称为"档案检索"。

（二）档案智能检索技术介绍

智能检索技术是指利用人工智能技术和自然语言处理等技术，实现更加精准、高效、个性化的信息检索。智能检索技术的具体实现方式有很多，几种主要的技术方向是自然语言处理技术、机器学习、知识图谱和信息融合技术。

自然语言处理技术是智能检索技术的重要基础。其通过分词、句法分析、语义分析等技术能够从用户输入的语言中提取出意思相符的关键信息，并将关键信息与数据库中的信息进行匹配，以此来提高搜索精度，从而提升用户体验。

机器学习是智能检索技术的核心之一。它通过将大量数据输入模型进行训练，自动寻找变量之间的关系，从而能够实现个性化的推荐和精准的搜索。

知识图谱是智能检索技术中的另一个核心技术。它是将各种类型的信息数据按照特定的格式组成图形化的结构，将知识进行整合和提炼，从而实现更加准确和丰富的信息检索。

信息融合技术是智能检索技术中整合多种数据源的技术。通过对网络上多个不同来源的数据进行整合，可以避免冗余信息的出现，提高检索结果的精度。

智能检索技术是一种利用人工智能技术进行信息检索和管理的新型技术，可以有效提高档案检索效率，提高档案信息的精准度，增强档案信息系统的可搜索性并提升档案信息的可信度。

二、城建档案检索工作的含义及工具功能介绍

（一）城建档案检索工作的含义

城建档案信息检索工作是指运用一定的技术和手段对城建档案信息进行系统存储，并根据需求对相关信息进行查找的工作。它是对城建档案进行利用的前提和基础，是对城建档案信息资源进行开发的必要条件，关系到档案能否更为准确、更为便捷地为社会所利用的现实问题。

（二）城建档案检索工具功能介绍

城建档案检索工具是揭示城建档案内容与外形特征、指引索取和组织城建档案信息传递的工具，是揭示城建档案馆（室）藏的重要手段。城建档案检索工具对已经入藏的城建档案信息进行加工和形态上的转换，只要掌握了它的使用方法，就能在最短的时间里从数量浩繁的城建档案中顺利地提取和输出所需要的信息。

城建档案检索工具的基本功能如下：

一是存储城建档案信息。存储城建档案信息就是遵照城建档案的著录与标引规则，运用检索语言，准确地揭示城建档案的主题内容、存放线索等信息，通过记录存储在检索工具中，检索工具是城建档案信息的存储器。

二是指引索取城建档案。指引索取城建档案就是按照一定的检索途径和方法，把所需要的城建档案材料从堆积如山的库藏中，准确、迅速地提取出来，为利用者服务。

三是组织、传递、交流城建档案信息。组织、传递、交流城建档案信息就是把有关城建档案的范围、种类、内容、构成和存放线索等记录下来，根据需要有目的地运用有效的方式进行宣传与报道、介绍和推荐，供利用者选择利用，实现城建档案的利用价值。

可以说，城建档案部门不仅应当编制完善的、不同形式的、多功能的、适应

不断发展的对外服务与对内管理需要的各种检索工具，而且要通过检索工具的编制，在一定范围内建立城建档案目录中心，以实现城建档案资源共享的目的。

三、城建档案检索工作的优化策略

（一）通过对 OCR 技术的有效利用完成检索工作

光学字符识别（OCR）主要是指通过扫描文本资料对文字、图表信息进行转化，使其成为图像信息，然后再通过分析处理相关图像文件，以实现对文字及版面信息的获取的技术。对于现在的档案数字化而言，OCR 识别是其中一项重要的内容。通过对 OCR 技术的有效运用，可以实现图像化的表格与文字信息的转化，使成为可供计算机读取的形式以及计算机可识别的符号，这样在检索档案时不仅能查到文件标题，而且可以通过检索任意关键字来对文件内容进行查找，在真正意义上实现全文检索，促使文件的检索深度得到强化，进而推动文件的查准率和查全率进一步提升。对于那些不熟悉城建档案的利用者而言，更是一个方便查询的利器。

（二）通过对 GIS 技术的有效利用完成检索工作

地理信息系统（GIS）是指利用计算机对空间中的有关地理分布的数据进行采集、储存、管理、运算、分析、显示和描述的技术系统。通过 GIS 和目前电子化的城建档案管理系统相结合，实现城建档案的"以图查档"，这就能够有效解决档案利用者只清楚目标建筑物的地理位置而不知其项目名称的现实难题，有效提高城建档案信息的检索效率。

（三）强调个性化检索

根据用户的个人喜好和习惯，按照不同用户不同的检索需求进行检索，包括根据用户特征和检索历史进行个性化内容匹配，实现结果呈现和信息推荐。个性化检索将更加智能化，根据智能检索进行档案利用分析，档案管理系统会记录每一份档案的查询和借阅情况，运用大数据分析技术从海量数据资源中获取有用的信息，再结合档案利用者的用户特征，分析各种不同身份的利用者与档案信息之间的关系，挖掘城建档案馆不同类别用户的需求特征，实现数据的智能处理与多元化呈现。当利用者需要查阅已有记录的相似类型的时候，档案馆会主动推荐，准确迅速地为利用者提供其需要的档案信息，实现城建档案的个性化检索。

第六节　城建档案编研工作

一、什么是档案编研

（一）档案编研概念界定

档案编研是进行编辑与研究的工作，以档案馆（室）所保管的档案和资料作为研究对象，根据某一主题大量收集并筛选现有的档案文献及资料，在充分研究档案所含内容和信息的基础上，对这些档案信息进一步加工，编辑出不同形式的编研作品和成果，提供给社会各方面进行利用。档案编研具有一定专业性，是档案价值得以发挥的重要方式。

（二）档案编研成果类型

根据编研的性质与层次，档案编研的成果可分为汇编类、编述类与论著类三类。汇编类型的编研成果是根据某一专题筛选现有的档案文献并进行编排、校对和编注后形成的成体系的档案文件的集合。编述类型的编研成果是以特定的主题对档案信息内容解析、归纳、浓缩、综合后编写而成的具有档案性质的成果形式。论著类型的编研成果指的是根据某一特定题目，对档案的信息内容进行系统的分析和研究后得出的论著形式的研究性编研成果。

（三）档案编研理论基础

1. 档案编研理论

自从文字诞生以来，人类就开始有意识地保存文字信息，并逐渐产生了对文献进行编纂的思想与实践。在我国，《尚书》是有史可考的最早档案文献汇编成果，记载了商周时期的重要史料，自此以后，档案编纂活动连绵不断、硕果累累。档案文献编纂理论历经古代学者刘向、刘歆父子，刘知几，赵汝愚，章学诚等人，至近代学者罗振玉、郭沫若、陈垣、傅斯年等人，最终在当代得以确立与初步发展。而"编研"一词脱胎于"编纂"最早可追溯到 20 世纪 50 年代末。河北省档案馆最早于 1959 年设立"编研科"，以此来表示这一实践活动，但在 20 世纪七八十年代，档案工作整体陷入了停滞期，直至党的十一届三中全会后，"编研"一词才再次进入大众的视野。1980 年，中共中央、国务院批转国家档案局《关于全国档案工作会议的报告》，报告提出："档案馆要通过内容研究、史料汇编的方式，开展编研工作，帮助对历史的研究"，自此"编研"成了档案学界的正式术语。曹喜琛、刘耿生等学术大家先后对"编研"进行了相关理论的探讨，以"编研"命名的专著层见叠出，档案编研理论也日渐成熟与完善。

目前学界对"编纂"与"编研"两者的概念存在两种观点：第一种认为"编纂"与"编研"在整体上是统一的，是同一概念的两种不同表述；第二种认为"编纂"为"编研"的从属部分，"编纂"是"编研"的主体，"编研"由"编"与"研"两部分组成，"编"是"研"的最终目标，"研"是"编"的基础前提，两者是有机统一的整体。

根据对当前已出版专著的检索与阅览，可以发现对档案编研理论少有极具权威性的学界专著，相关理论的陈述仍集中于《档案编纂学》与《档案管理学》。《档案编纂学》囿于"编纂"而不能包含"编研"的内涵，其理论难以包含档案编研理论的全部内容；《档案管理学》以档案工作八环节为主要脉络，档案编研只能作为开发利用环节的一个组成部分稍加陈述，篇幅有限。因此，档案编研理论仍需依靠档案编纂相关理论的基础，结合编研工作的最新实践，加以整合，最终形成权威的集大成之作。

档案编研理论对于相关档案编研工作的启示在于明确了"编研"相比于"编纂"，其内涵更为广阔，更与时俱进，更符合当今社会的需要，是社会信息化与档案开发信息化的体现。我们不应囿于传统的编纂理论看待档案编研成果，一般来讲，若选择"编纂"，则仅指代一次档案文献编纂成果，相关文学成果与影视作品、展览活动等无法纳入统计，实质上缩小了研究范围，不能全面反映档案的研究现状，因此，可以选择从"编研"入手展开研究。

2. 档案信息开发利用理论

中国档案学会档案文献编纂学术委员会认为，档案编纂的实质就是采用档案文献出版物的形式来充分开发档案信息资源。档案信息的开发与档案信息的提供利用通常并列出现于各项理论与实践中，但两者其实是相互关联而又存在差别的两个概念。

伴随时代的发展与技术的进步，我国学界对档案信息的开发理论研究已经由单纯的基础性研究理论转向如何结合新背景新技术开发等创新性研究。纵观现有的档案信息开发理论研究主要由以下四方面组成：档案信息开发的内涵、价值、作用、影响因子等基础性理论研究；档案信息开发的互联网背景、大数据时代、档案治理背景、计算机技术、新媒体技术、区块链技术等新环境新技术的理论研究；档案信息开发的档案馆、公民、非营利性组织等相关主体理论研究；档案信息开发的开发方式、开发模式理论研究。

档案信息资源由各个档案馆联合进行共建、共享开发可以避免档案信息的"信息孤岛"，集中利用碎片化的档案信息资源；由档案馆对馆藏档案进行公布开发，可以方便利用者获取最具原始性与真实性的信息资源；由专门的档案中介机构进行代理开发，可以充分利用专业人员的技术，为用户提供最具针对性的信息资源；由档案部门主导，向利用者提供信息资源宣传教育开发，可以有效提高利用者获取信息资源的手段与水平。

档案信息的开发与利用是信息资源管理过程中前后承接的两个环节，档案信息的开发为档案信息的利用提供了前期准备，档案信息的利用是档案信息开发的最终目的，并为档案信息的开发提供了反馈指导。两者的差异在于档案信息开发的实质是对档案信息的整理与再生产，档案信息利用的实质是对档案信息的传播。

档案信息开发利用理论的启示有三：其一，对如何充分运用新技术如计算机技术、网络技术、新媒体技术等与档案编研相结合提供了理论支撑；其二，对档案信息开发利用成功案例的分析为档案编研的进一步优化提供了案例示范；其三，相关法律法规中对档案开发利用的条例为档案编研提供了法律准绳。

3. 档案双元价值论

覃兆刿教授首先提出档案双元价值论，从档案的结构形式和信息内容这两个方面出发，从新角度深度划分了档案的价值构成。档案双元价值观包含两个方面：①档案作为行为方式的一种，具有工具价值，这是由档案的结构形式，也就是自然属性所赋予和决定的；②档案作为文献归属或者说结构对象的实体，是一种记录，其内容负载着信息，带有社会属性，这也决定了档案具有信息价值。档案本身的工具价值揭示了其价值的来源以及形成机制，档案附属的信息价值则揭示了价值在档案中存在及实现的方式，而且双元价值是对立并统一于档案价值的本体当中的。

正是因为档案公认的价值，人们才意识到档案编研工作的意义所在，档案编研工作才得以不断发展进步。换句话说，档案双元价值论为档案编研的发展提供了重要的理论支撑。

4.档案两步整理理论

完整的档案整理体系包括了两步,第一步是次序方面的档案实体的整理,第二步是内容方面的档案信息的整理,前者是后者的基础,后者是使档案社会价值得以发挥的重要环节。

档案实体整理是在遵循档案生成的潜在规律的基础上,遵照科学、合理的原则,对档案原件进行收集、整理和编目,并建立检索工具等,目的在于实现程序化的档案管理,是保护档案原件的一种方式,也是提供档案利用的基本途径;而档案的信息整理是指在遵循社会利用档案内容信息的客观规律的基础上,从实体档案中提取出价值相对较高的档案信息,然后经过严谨、科学的再加工,深加工生成出档案编研成果并进行传播,以此来满足社会对于高质量的档案信息资源的需求。

档案编研工作属于档案信息整理的范畴,是重要的档案信息整理方式。档案两步整理理论则是档案编研工作开展的重要理论基础。开展档案编研工作一方面由档案工作内在的发展规律决定,另一方面也是档案工作发挥服务社会职能的必然选择。

5.信息共享论

信息共享论可作为档案编研在信息学方面的理论基础,为档案编研工作的可行性以及档案编研成果的共享性提供理论支持。

最大程度上实现信息资源的共享是网络信息时代社会发展以及人民大众的需求和要求。档案信息是一种文献信息,因而也具有文献信息的特性,如可知性、可转换和可扩散等,是信息资源共享体系的重要内容。首先,档案信息具有可知性。借助相关的知识储备及必要的技术手段,人们可以解读出档案文献中记录的内容信息,排除因认知障碍导致的共享困难。其次,档案信息是可以进行转换的。通过档案编研,人们可以从档案的原件上复制其内容信息,并将其迁移到档案编研成果中,为下一步共享档案信息创造条件、提供渠道。最后,档案信息具有可扩散性。这是共享档案信息的重要前提与条件。可扩散性指的是档案信息在传播中不会受共享人数多少的影响而导致本身的增减,这对利用者而言是公平的。

档案事业是公益性质的文化事业,实现档案信息的共享是档案工作的职责之一,档案编研工作便是行使职责的重要方式,通过公开宣传编研作品,可以实现档案信息的扩散和社会化共享。

（四）档案编研的价值与意义

档案编研具有多重的价值与意义，具体分析如下：

第一，档案编研方便了公众利用档案。档案无时无刻不在产生，随着经济社会的发展与进步，档案资源与日俱增，数量浩大，但往往保存相对分散，集中利用起来有一定难度。而在档案馆根据社会需求和自身馆藏资源开展档案编研工作的过程中，对这些分散的档案信息进行了收集和整理、编辑与研究，筛选整合了档案信息资源，大大方便了人们快速从档案中获取有价值的信息，为人们利用档案提供了便利。

第二，档案编研利于档案原件的保护。一些年代久远的珍贵档案往往纸张偏薄易碎，在长期的调卷、翻阅过程中，档案不可避免地遭到磨损，甚至破坏，而开展档案编研工作不仅能广泛宣传这些珍贵档案中的重要信息，提高这些档案的利用率，也能够有效保护这些珍贵档案的原件免遭不同程度的磨损和破坏，尽可能延长这些档案的使用寿命，尽力保护这些珍贵档案实体的安全。

第三，档案编研能促进文化的传承发展。很多档案中都蕴含着丰富的文化内涵和文化价值，通过开展档案编研能够挖掘出隐藏在档案中的文化宝藏，在编研成果进行传播的过程中，优秀的文化得以传承发扬，附带的文化价值也得以发挥。

第四，档案编研能提供有效的资政建议。在开展档案编研与城市发展中的重点工作、重要方向相结合，对相关档案进行系统的编辑、研究和整理，使之形成体系，就能为国家建设、城市发展和行业规划等提供重要的参考信息，有利于党和政府吸取经验教训，制定科学合理、现实可行的发展规划与路线，克服实际困难、战胜当前挑战，助力长远发展。

综上所述，研究如何做好、做精、做细档案编研工作是极有价值和意义的。

二、城建档案编研工作的定义

编研工作是利用档案的一种方式，是发挥档案价值的重要途径。档案编研是指档案部门馆（室）藏档案文件在满足社会需求的基础上，研究档案内容和社会需求，根据社会现实需求利用档案信息进行编写相应参考资料、档案汇编、编史修志、撰写论文专著等的活动。同理，城建档案编研也是在研究城建档案内容的基础上，根据社会需求进行编写参考资料、汇编城建档案文件、撰写城建档案论文专著等的活动。可以说，城建档案编研就是将城建档案作为编研材料，根据馆藏档案和社会需求，在研究档案内容的基础上进行专业编研活动。它与一般编研的区别主要体现在编研的方式与编研成果的形式等方面。

结合上述相关定义，可将城建档案编研定义为城建档案部门在拍摄、收集、整理和研究城建档案的基础上，根据社会对城建档案利用的需求以及城建档案的特点，编纂成各种城建参考资料的一项编辑研究性工作，是开发城建档案信息资源的重要手段之一。

三、城建档案编研工作的现代意义

城建档案编研工作不仅有助于推进城建档案工作全面发展，而且丰富了城市文化建设的内涵。

1.促进城建档案工作全面发展

城建档案编研是城建档案工作的重要组成部分，城建档案编研促进城建档案工作全面发展的意义主要体现在以下两个方面：

一是档案编研的研究要求推动城建档案研究工作向深度方向发展。对城建档案的研究是城建档案部门的职责之一，也是档案学科的必要研究之一。研究档案资源是档案开发利用的重要基础，而城建档案编研正是对城建档案资源的研究、分析、归纳、整理的过程。在对城建档案进行编研的过程中，能更加深刻地理解城建档案工作内容和内涵，将城建档案工作推进到更深入的研究和发展领域。

二是档案编研所利用的新技术助力城建档案工作效率的全面提升。当前城建档案编研需要采用新的技术和工具，如图像识别技术、图像视频处理软件等，这就要求城建档案部门不仅要学习和利用新的技术工具，而且还要利用现代信息技术做好城建档案记录、收集、整理、开发利用等工作。在具体的编研工作中，这些新技术的引入和大量采用无疑会推动城建档案管理工作向更加高效与智能化的方向发展。

2.丰富城市文化建设内涵

为城市文化建设服务是城建档案编研的重要意义，城市文化也是城市发展建设的重要方面。为此，通过城建档案编研来丰富城市文化内涵是城建档案编研工作的重要意义之一。

一是丰富城市文化内容。城建档案是城建档案文化的重要载体，对城建档案进行编研正是对城建档案文化挖掘和开发的过程。如今，城市文化越来越被人们关注和重视，每座城市都在努力加强市文化建设，城建档案文化是其重要的建设"支柱"。通过城建档案编研深度挖掘城建档案的文化，能有效丰富城市文化内容。

二是提高城市文化自信。文化自信是一个国家、一个民族、一个政党乃至个人对自身文化价值的充分肯定和积极践行，并持有对文化生命力的坚定信心。文化是国家和民族的血脉，城建档案是"城市记忆"最真实的载体，城建档案编研能直观再现城市文化的特质和底蕴，是城建档案管理部门参与文化强国建设的重要途径。

四、城建档案编研工作的组织方法

城建档案编研工作的组织关键是领导重视。只要领导将其纳入日程，主动疏通包括人力、财力、物力等各种关系，因势利导，也是不难解决的。在编研方法上，有力量的主要采取城建档案馆自编；也有的采取合编（即城建档案馆与有关部门合作）形式；还有的采取委托编写形式，即城建档案馆委托有关部门去编写。有的地区将其概括为"五个结合"和"五个为主"，即档案馆自编与有关部门合编相结合，以档案馆自编为主；编研部门集体合编与个体分写结合，以编研部门集体合编为主；档案编研专职人员与非专职人员结合，以档案编研专职人员为主；汇编档案史料与其他编写相结合，以汇编档案史料为主；编研的计划安排注重当前需要与长远需要相结合，以当前需要为主。

五、城建档案编研工作的开展对策

针对我国城建档案编研工作中存在的问题，可提出相应的发展对策，为城建档案编研工作解决固化问题并提供发展建议。具体来讲，发展对策可以从以下几个方面详细论述：

（一）确立科学的城建档案编研意识

确立科学的城建档案编研意识能够为城建档案编研工作发展提供观念引领和动力支持，推动城建档案编研工作的优化与创新。

1. 提升编研工作的重视程度

城建档案部门要从上级到下级，从宏观到微观地全面重视城建档案编研工作，这样才能更科学合理地运作城建档案编研工作。

第一，领导要重视编研工作。各城建档案部门的领导要更加重视城建档案编研工作，将其摆在档案工作体系中更重要的位置，并制定完整的编研工作长期规划，科学把握编研工作的重点与方向，为之投入更多的精力和资源，确保城建档案编研工作的顺利进行。

第二，加强编研部门人员的编研意识。编研部门工作人员需要充分认识到城建档案编研的意义和重要性，并重视自身编研业务能力的提升，相互配合、积极主动地进行编研工作，以争取领导层的肯定与支持。

2.树立编研工作的"供给侧改革"理念

城建档案编研成果将档案部门与以档案服务用户为代表的社会联系在一起形成一种供求关系，是一种"商品"或"文化产品"。社会对城建档案编研成果的需求是一直存在的，并且能够通过一定的方式获取，城建档案部门可以采用问卷调查、数据挖掘、用户访谈等方法直接挖掘社会需求。

因此，城建档案编研意识与社会对城建档案编研成果的需求之间存在相互作用，如图4-2所示。城建档案编研意识一方面对社会对城建档案编研成果的需求进行挖掘，另一方面也促进编研工作产出高质量编研成果，高质量编研成果能够提升城建档案文化宣传效果，进而激发社会对城建档案编研成果的需求。反过来，社会需求则会进一步推动城建档案编研工作进展，促使其产出高质量的编研成果，从而产生良性的作用。

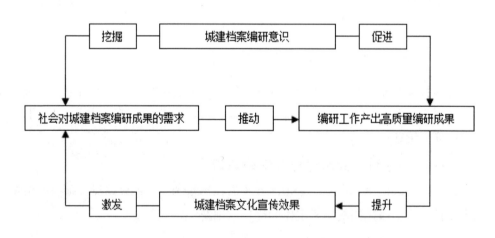

图4-2 城建档案编研意识与社会需求的作用关系

一直以来，城建档案部门都是根据"需求侧"的变化推进城建档案编研工作发展。所以，城建档案部门需要建立"供给侧"意识，在主动挖掘社会需求的前提下，主动向社会提供高质量编研成果，从而创造并引导社会对城建档案编研成果的需求，让城建档案文化对社会产生积极影响。

（二）提供充足的城建档案资源保障

优化城建档案资源建设主要从收集、整理、研究等方面开展，"收集"与"整理"是城建档案编研素材的基础保障工作，"研究"是提高城建档案编研内容质量和挖掘其文化价值的重要前提。

1. 充实档案编研素材

为充实档案编研素材，档案馆一方面需要尽快筹备新馆建设，解决库容饱和问题；另一方面要加大征集和收集的力度，尽可能丰富馆藏档案的数量和种类。城建档案馆须加强与当地党委和政府主要领导的沟通，勤汇报，多沟通，积极争取上级的支持，尽早把新馆建设摆上重要议事日程，并加快立项建设，还要积极承担在建设县级国家综合档案馆时进行指导、服务的职责，主动做好参谋、好助手，争取早日促成新馆建成，解决库容饱和问题，为下一步档案资料进馆丰富馆藏创造条件。

档案馆还须加大档案征集和收集力度，主动向社会各界广泛征集各种档案资源，尤其是反映城市历史人文的档案，还有在个人手中保存的珍贵档案及网络上那些具有保存价值的档案资源，不断丰富馆藏档案内容和种类，使得馆藏的结构更趋合理，馆藏的资源愈加丰富。此外，档案馆还可以尝试利用大众智慧解决馆藏档案资源不够丰富的问题，充分调动各行业的专家学者、普通老百姓、民间收藏爱好者和其他社会机构组织等社会力量参与馆藏资源建设。

2. 加大城建档案资源开放力度

从本质上而言，城建档案编研工作属于一种开放档案资源的方式。然而，因城建档案与形成者具有相关性，与国家秘密可能存在关联性，部分档案有其封闭期，档案工作有相对的封闭性，这使得城建档案资源的保密性与城建档案编研工作存在互相制约的关系，因此，寻求城建档案编研工作开放与保密的平衡点至关重要。

第一，城建档案部门应在不影响国家信息安全的前提下，放宽档案资源的保密范围，更全面地掌握档案信息内容、更精准地判定保密档案信息、更安全地保护秘密档案信息，要制订严格标准进行保密和开放工作，而非"涉密即全封"。

第二，在进行城建档案编研工作时，城建档案部门不仅要谨慎对待保密的档案信息，而且要在保密标准允许的范围内，大胆的开发利用档案资源，丰富编研内容。最终达到开放与保密的相对平衡，这是推动城建档案编研工作开展的基本保障之一。

（三）加强城建档案编研工作的投入

1. 保障资金投入充足

所有城建档案编研投入的基础是资金投入，只有充足的财政预算，才能够为城建档案编研提供先进的硬件设施、合理的人员配置以及高效的工作环境，持续推动编研创新发展。为此，城建档案部门可以通过建立专项资金，专门用于城建档案编研项目的开展，在保障项目顺利进行的前提下，支持城建档案编研工作的优化、研究与创新发展。

2. 积极引入现代信息技术

信息技术的出现颠覆了过去人们对档案的认知，同时也深刻地变革着档案管理的理念和方式方法。紧跟技术创新的步伐，将先进技术融入城建档案编研工作当中是城建档案编研发展的必由之路。

现在有很多先进的技术工具已经融入人们的生活，将其利用到城建档案编研中也是值得进行的创新。具体来讲，城建档案编研在实践中需要融合最新的信息技术，搭建信息反馈平台。

（1）融合最新信息技术

城建档案编研工作应该积极采用各种新技术，提升编研工作效率与质量。根据编研工作的流程，新技术可在以下四个步骤中发挥作用：

一是信息获取。运用关联数据技术进行信息采集，关联数据是一种存在于互联网中，以发布和共享的方式构建的结构化数据形式，通常以统一资源标识符（Uniform Resource Identifier，URI）为数据实体。URI 具有一致性与唯一性，可以避免名称不同造成的错漏，保障信息的完整性，构建一个全面系统的知识网络。运用数据关联技术可以链接丰富的第三方信息，使城建档案利用者获取目录以外的信息资源；可以避免"信息孤岛"现象，帮助城建档案利用者获取大量关联信息；可以简化检索操作，提供统一的检索入口；可以提升服务质量，提高服务效率。

二是信息处理。①运用异构数据整合技术进行信息整合。即建立一个公共的数据模型，将从数据库中提取到的信息根据利用者的需求转换成数据格式，将数据统一到公共的数据模型下，最终提供统一的、无差别的数据信息。公共数据模型种类多样，常见的如可扩展标记语言（Extensible Markup Language，XML）、数据仓库（Date Warehouse）、超链接（SFX）技术、Web Services 技术（解决应用程序间相互通信的一种技术）等。②对信息资源进行数字化加工与数据化处理。对已经是数字形态的音频、视频等城建档案信息资源，可直接按照统一的标准格式存储在规定的资源库中；对传统的纸质档案、实物档案等非数字形态的城建档案信息资源，可通过扫描、拍照等方式转化为数字化的信息，存储在资源库中。最终实现数字形态与非数字形态的城建档案信息资源都能以数字化形式存储和传输，通过计算机实现管理。在数字化加工的基础上，进一步对城建档案进行数据化处理，即把纸质、实物、声像等各种形式的模拟态信息统一转变为计算机可识别的数字态后，对数字态信息进行拆分、提取、组合，并建立各个数字态信息之间的关联，最终实现信息的数据态（计算机可理解、可分析并自发地检索、分析与处理的状态），实现信息价值的知识性开发。

三是题目生成。运用大数据技术与眼动追踪技术，可以在征得利用者授权的基础上，广泛全面地收集利用者的点击率、下载率与引用率等信息，并结合利用者总注视次数、注视时长、注视顺序等信息描绘注视热点图和注视轨迹图，准确地深度挖掘出利用者对城建档案的兴趣点与需求点，并根据馆藏资源状况自动生成兼具实用性与特色性的选题。

四是成果展示。①运用可视化技术建立沉浸式体验。通过虚拟现实（VR）技术，可以让计算机创建一个虚拟环境，利用者通过听觉、嗅觉、触觉、味觉等感受城市建设历程，实现人机交互。在 VR 技术的基础上，进一步把虚拟环境的信息叠加到现实环境中，即实施增强现实（AR）技术，可以让利用者进入沉浸式体验，提供超越人类感知的信息。②运用新媒体技术丰富利用者群体。传统媒体具有形式老旧、时效性低、单向传输等不足，为年轻人所不喜，利用新媒体技术，通过档案网站、微博、微信、手机 App 等渠道，可以依赖其庞大的年轻用户群体丰富城建档案利用者群体。同时，新媒体技术可以及时获取利用者的信息反馈，实现双向的信息传输，便于编研主体根据利用者需求调整城建档案的展示成果。③运用多媒体技术输出综合性成果。把城建档案的相关文字、图片、图形、声音、视频等结合起来，存储在计算机内，可输出图、文、声并茂的综合性成果。

（2）搭建信息反馈平台

一是合理划分受众。合理划分城建档案编研成果的受众群体有利于了解特定群体的具体需求，实现更具针对性的成果传播，提升城建档案编研成果的利用效益。城建档案编研成果的利用者可从需求角度划分为三个类型。①休闲型。休闲型的利用者成员构成复杂，对城建档案编研成果没有特定的主题要求，主要以休闲娱乐为阅读目的，选择多出于兴趣爱好。这一类型的利用者对城建档案编研成果的要求主要为便于查找，内容轻松简单。②学术研究型。学术研究型的利用者主要为高校教师、学生、专家、研究员，主要以学术研究为阅读目的。这一类型的利用者要求城建档案编研成果的内容具有真实性、准确性、深刻性、专业性，更注重以专题为主的编研成果。③规划应用型。规划应用型的利用者主要为城市工程建设的相关单位、组织或个体，主要将城建档案编研成果作为城市工程规划的参考材料，要求城建档案编研成果具有一定的参考价值。

二是完善反馈渠道。对反馈渠道的完善要根据传统渠道与新兴渠道的具体问题具体分析，总体而言，要在被动"引进来"的基础上加强"走出去"，尽可能全面地主动收集反馈信息。

对于传统渠道，要合理设置意见簿、反馈表、纸质问卷、书信、电话回访、追踪访谈的比例；问题设置要在尽量细化的同时避免烦琐重复，具有代表性和实用性；反馈信息收集要保持连续性，不可经常中断；反馈信息处理要分主题、有规律，将存在的问题及时反馈给各具体操作部门。

对于新兴渠道，要尽快完成门户网站、微博官方账号、微信公众号的建立；做好模块规划，除了基础的档案馆简介、领导班子简介、馆藏简介外，更重要的是城建档案原文、图片、汇编、专题等各类型的编研成果公布；对利用者的留言、评论要及时回复并收集整理。

（四）构建多方参与的城建档案编研合作体系

城建档案编研工作是城建档案资源与社会大众之间的桥梁，虽然其研究范畴有限，其内容也仅涉及所在城市或区域，但绝不能"闭门造车"，合作道路依然是城建档案编研工作的必要选择。目前这种合作体系主要包括以下方面：

1. 不同档案部门之间的合作

不同的档案部门虽然承载着不同的编研工作的任务，但是对档案资源的开发利用有着相互贯通的思维方法，不同类型的档案部门之间需要加强合作，共同推动档案编研工作发展。

一方面，各城建档案部门的档案编研工作各有所长、各有特色，因此彼此可以互相借鉴、互相学习、取长补短，从而提高自身编研能力。例如，可以结合不同城市的城建文化特色、城市历史文化渊源等，进行城建档案的合作编研，联合打造编研成果，丰富编研成果的涵义。在合作过程中，不仅是编研理念、编研方式、编研创新的交流，而且不同城市的城建文化相互渗透也能够挖掘出更多有意义、有价值的城市文化。

另一方面，城市的综合档案馆在编研工作上的发展相对成熟，城建档案工作部门作为专业档案部门，可以向成熟的综合档案馆学习，学习档案编研或档案编研工作当中的编研思路、编研方式、编研创意等，进一步优化城建档案编研工作；也可以向其他专业档案馆学习处理专业档案编研的经验，并运用到本地城建档案编研工作当中，以提高编研水平。

2. 与其他有关部门的合作

信息化技术除了为城建档案编研工作提供大量资料，还提高了城建档案素材来源的可靠性、信息准确度、涉密筛选程度及筛选难度等。编研人员想要从众多的城建档案资源里抽取出宝贵的资料开展优质编研，与有关部门配合是密不可分的，需要依靠各部门开展资源筛选和信息甄别、整合资源等工作，各部门在城建档案编研素材收集中起到过滤的作用。所以，城建档案部门在编研工作中应该采取"走出去"的策略，积极和图书馆、博物馆以及科研机构等合作编研，相互借鉴，全方位发掘崭新的特色专题，多途径、多视角对城建档案信息资源开展多方位开发，向开放化和多元化方向发展，创建编研工作共建共享模式。

（五）倡导城建档案编研工作创新

创新是城建档案编研发展的基本要求，特别是在互联网背景下，城建档案编研工作对创新的需求愈加显著。创新成果开放机制、创新成果传播方式都决定着城建档案编研工作的成效与发展。

1. 创新成果开放机制

第一，加强内部资料的宣传力度。各编研主体作为内部资料的创造者与管理者，应当尽最大可能挖掘内部资料的价值，发挥内部资料的效用。鉴于广大利用者与用户对内部资料知之甚少，因此需要加强内部资料的宣传力度。首先，应当普及内部资料的概念、价值、内容、类型，提高他们对内部资料的兴趣与关注；其次，应当普及内部资料的利用渠道与获取方式，帮助他们获取具有完整性、概述性的城建档案编研成果的内部资料信息。

第二，推动城建档案编研成果由纸质向数字化转型。纸质的编研成果极度不利于扩大影响力，向数字化转型需要经历三个步骤：一是思想的数字化。在编研成果之初，就要怀有去中心化的思想。二是定位的数字化。在创建数字化编研成果的过程中，要明确双向的、多元互动的定位。三是传播方式的数字化。通过建立专题数据库、开通官网、建立微信公众号、建立微博账号等方式，宣传数字化编研成果。

第三，加大网络成果的开放力度。城建档案网络编研成果应在公布编研成果目录的基础上，进一步细化编研成果简介，并朝最终目标——公布编研成果全文努力。同时，各编研主体也不要过度追求一蹴而就，应在考虑资金、人力、利用率的基础上循序渐进，首先公布利用率最高、最具独特性的编研成果，并及时更新，注重与利用者的双向互动。

2. 创新成果传播方式

第一，树立正确的媒介观念。城建档案的各个编研主体需要全面了解不同媒介的内涵、特点与优缺点，正确认识各种传播途径，在现有媒介的基础上开发新媒介渠道；档案学者要加大对媒介研究的重视程度，积极投身到档案传播学的学科建设与理论研究中去；相关部门要关注城建档案编研成果的传播效果，制定完善的规章、规范指导实践活动。

第二，配置合理的新旧媒体。新媒体具有成本低、互动性强、时效性高、传播速度快等优势，但旧媒体仍然有一定数量的用户群体，如老年群体不会运用手机 App、微信公众号等，报纸与电视依旧是其主要的信息获取渠道。因此，在不断拓展新媒体业务的同时，档案部门也不能放弃旧媒体宣传渠道，要合理配置新旧媒体的宣传比例与内容。

第三，促进有效的跨界合作。完全依赖档案部门宣传城建档案相关编研成果，无论从资金还是从人力、工作量上都是无法实现的，档案部门要积极寻求政府、私企、基金组织、高校等主体的协助，借助它们各有所长的资金、背景、渠道、技术手段、人才队伍等优势来稳定用户群体，实现传播效果最大化。

第四，实现成果的分众传播。不同利用者出于年龄、地域、性别、受教育程度、收入的不同，对城建档案编研成果的需求也不同。建立分众传播就是要细分利用者群体，结合大数据技术分析不同利用者群体的倾向与喜好，再对城建档案的编研内容进行细分，推送适配的主题和内容，以达到精细管理、节约成本、有的放矢的传播目的。

（六）健全档案编研模式

针对档案编研人才匮乏、队伍力量薄弱、编研模式简单的现状，城建档案馆应注重档案编研人才的培养与引进，优化编研主体，打造高素质编研团队，健全档案编研模式，为城建档案编研工作高质量发展提供强而有力的支撑。

档案编研这一工作的专业性相对较强，不仅要求编研人员拥有历史文化背景知识和编研中"选择主题、获取素材、考证核实、编辑排版、辅文编撰、校对审核"等各个流程所需的专业知识，具备较为扎实的文字功底、敏锐的信息感知力，而且要求一定程度的信息技术知识和操作应用能力以满足信息时代开展网络编研的需要。因此，仅仅依靠编研工作者自学提升是不够的，必须通过完善的业务培训才能培养出高素质的编研人才。

除积极组织开展城建档案编研业务培训外，还应组织编研人员了解档案学科的最新动态，研究近几年高质量的档案编研成果，借鉴学习好的选题选材、组织行文和编排布局，摆脱简单编研模式的限制，开拓并健全编研的思路和模式，全面提升编研人员的编研素养和能力。同时，可以通过招募、引进专业水平高和业务素质强的档案编研人才，壮大编研队伍，发展高层次、高深度、高水平的档案编研。此外，还可根据实际的情况制定长期可行的外聘人员制度，聘请文字功底深厚、精通编研选题的退休人员、在职专家、热心人士等来指导或参与档案编研成果的创作，为编研人才队伍引入新鲜的血液。

（七）促进编研成果数字化转型和展览效果扩大

1.促进数字型编研成果的发展

随着人们精神文化生活水平的不断提高，城建档案文献编研成果与媒体联合具有极为广阔的前景。档案馆可以深入挖掘城建档案资料，以城建档案文献为素材，综合运用各种类型的档案资料，使编研成果集文、图、声、像于一体，开发城建档案系列编研成果，提升档案文化价值。编研成果可以通过与媒体合作，以城建档案为来源，制作电影、纪录片、连续剧等，用公众喜闻乐见的方式呈现。依托强势媒体，编研成果的覆盖面可以日益扩大，编研成果与影视等现代传媒"牵手"的成功有助于形成丰富的数字型城建档案编研成果，公众可以对数字型城建档案编研成果进行沉浸式体验。

在编研成果的出版载体上，应突破传统的印刷型出版模式，实行数字化的出版方式。大数据、云计算、人工智能等技术的出现直接推动城建档案数字化进程，目前档案编研工作诸多环节已由计算机操作实现。在此背景下，城建档案文献编研工作应使用数字化编研，借助数字化手段加工城建档案文献，开发出高质量的编研成果，实现编研成果由传统向数字化转型，增加数字型城建档案文献出版物，及时更新档案网站中的编研成果，将立体化的编研成果呈现给公众。例如，利用数据库技术针对已出版的档案编研成果建立城建档案文献编研成果的专题数据库；利用数字扫描技术实现档案文献编研成果的数字化，并提供相应的目录检索和全文检索，使公众通过档案网站即可直接阅读编研成果。

此外，档案馆还应积极运用现代化技术创新编研成果的展现形式，通过使用电子图书、电子期刊等形式为网络阅读提供可能。数字型编研成果打破了传统纸质编研成果的局限性，涵盖了馆藏档案之外与相应地区城建内容有关的各种载体材料，经筛选和汇总可以多层次、多角度地反映主题。

2. 注重综合型编研成果多元化展陈

要扩大档案展览的效果，使展览尽可能地"流动"起来，从而引发本地区及其他地区群众的关注，在展览中不断激活城市建设的文化内涵。

一是要拓宽受众观展渠道，线上线下并举。首先，对城建档案展览内容进行系统的分类，栏目设置简洁清晰，界面设计要突出本地特色，可加入一些具有代表性的历史文化符号；其次，工作人员要实时更新网上展览内容，注重公众的留言、提问等，及时反馈；最后，除了多媒体技术外，目前 3D 动画技术、虚拟漫游技术等已经应用于网络档案展览。随着 5G 互联网时代来临，VR 技术也将得到进一步发展和推广，公众可通过移动终端跨越时空限制，快捷方便地访问相关档案馆，感受全景式城建档案展览。因此，本地档案馆可以与其他省市档案机构实现跨地区合作，运用 VR 等技术将既有的线下优秀展览内容数字化，实现线上展览。

二是延伸展览主题。展览主题除了反映本地历史，还要密切关注新时代的议题，一些新时代背景下城市建设活动所产生的档案是相关城建档案馆挖掘的重要内容。

（八）扩大编研成果传播范围

档案馆可以借助网络平台提升档案编研成果的宣传广度和力度，扩大成果传播的范围，增强档案工作的社会影响力，以便争取更多财政资金的支持，促进编研工作进一步发展。

在网络时代，借助现代的信息技术，像编排、审校和发行这些编研的工序是可以交叉进行、同步完成的，档案编研成果在审核无误后就可以立刻在各种网络平台上发布，大大简化了编研程序，省去了印刷及发行的时间，提高了编研成果公开发布的效率，也节省了公开出版发行的成本。而且网络传播具有便捷性、广泛性的特点,人们可以通过计算机、手机等设备随时随地查看最新的档案编研成果,使得档案编研作品传播的速度提高,传播的范围扩大,有效增强了编研成果的影响力,也使得档案及档案编研作用最大程度地发挥出来,让大家能够看到编研的重要意义以及编研所能产生的效益,进而有利于争取更多财政资金对编研工作进行支持。

档案馆可以充分采用现有的信息技术将已公开出版的纸质编研成果和一些虽然未公开出版但可以向社会公布的城建档案编研成果数字化,借助网络平台发布、宣传,让优秀的档案编研成果能为更多公众知晓和利用,最大限度发挥档案资政育人的功能和作用,让社会认可编研工作,以此争取更多资金支持编研工作,多出品一些精品编研成果,和网络上的宣传形成合力,有效地促进、助力档案编研工作的开展。

(九)创新编研成果构成方式

1. 出品更易获取的编研成果

如今,人们有各种各样的渠道和方式来获取信息,而有些信息很容易被忽视。一些档案馆形成的城建档案文献编研成果往往会束之高阁,有些编研成果仅供内部参考,对外出版的编研成果价格极高,还有一些都以厚重纸质版形式出版,不易携带。因此,公众渐渐地对这些难获取的编研成果失去了兴趣。相关档案馆可以加大城建档案编研成果的开放力度,出版轻薄便携的系列丛书,或者创建城建档案数据库,以新的构成形式提高编研成果的易获取性,只有通过创新编研成果的构成形式,才能使档案部门或社会大众更容易、便捷地利用城建档案资源信息。

通过获取渠道的便利和创新编研成果构成形式,可以提高编研成果的利用率。平台与微博、微信等社交媒体几乎同一时间推送编研成果的相关信息,使得公众可以第一时间了解到编研成果的发布动态及内容。例如,中国第一历史档案馆的公众号"皇史宬"可以实现在微信公众号的首页查询出版的编研成果,还可以查询档案目录,获取档案信息快速而又方便。公众在获取信息时倾向于更易于获取的、过程简单而快速的信息,此类信息在浏览的过程中可以吸引公众的注意力,提高编研成果的利用率。档案馆可以借鉴和参考开发出便利的一体化编研成果检索平台,提高城建档案编研水平,创新城建编研成果的构成方式。

2. 利用大数据技术创新构成方式

大数据技术是指从大量未经处理的数据中分析和提取有价值信息的过程。大数据时代，城建档案文献编研成果需要借助互联网平台进行开发，进行社会化编研。

首先，分析城建档案文献内容和公众的需求。在分析城建档案资源时，需要利用数据挖掘技术消除冗余信息，形成智能的、高质量的城建档案文献编研成果。其次，建立电子化城建档案编研系统。一旦初步的数据挖掘工作完成，就要及时将公众需求和城建档案文献整合和数字化，并根据不同主题对城建档案资源进行分类，形成具有知识型的系统的二次和三次电子化城建档案资源，并建立城建档案文献电子数据库。

大数据时代，新技术的产生为编研成果的产生提供了强有力的技术支持，提高了档案编研水平。档案馆可以利用先进的技术实现档案编研自动化，运用信息技术革新编研成果的构成方式，实现编研成果的数字化，加强编研成果可视化，使得档案编研成果变得"可被感知"。计算机多媒体技术、电子通信技术等最新技术借助最新设备实现编研成果社会化和现代化，能够依据社会热点及时并深入地开发城建档案文献，保证了编研成果的时效性，促进了利用率的提高。

现阶段，大数据技术正在慢慢改变人们的生活习惯，电子化编研成果应运而生，不仅使编研成果不再局限于时间和空间，除了可以提供给本地档案用户利用以外，还能通过社交媒体或网络分享给不同地区的用户，而且使编研成果更具有亲民性。档案馆可积极尝试和利用 AR/VR、人工智能等技术，通过线上线下的方式呈现编研成果，真正进入公众的生活中，提升档案的利用价值。

此外，还可设计一些与城建编研成果相关的文创产品，将编研成果的外延拓展，形成特色的档案编研成果形式，将编研成果融入公众的日常生活中，增加公众对城建档案文献的了解。

3. 推出"编""研"并重的档案精品

城建档案编研工作绝不仅仅是对城建档案进行简单的"编"，其每一个过程都蕴藏着很强的研究性。从最开始的选题、选材到后期的加工、编排都离不开严谨的探究。然而，单纯的重"编"轻"研"或重"研"轻"编"都是不合适的，"编""研"结合才是最佳选择，只有二者相辅相成，才能打造出精品。

档案馆想要"编""研"结合，提升城建编研成果质量，需从编研人员的编研工作能力培养着手，应做到以下几点：

　　首先，编研人员在积极参与档案馆组织的职业培训的基础上，应有意识地加强将个人发展与终身学习相结合的观念，积极挖掘城建档案资源以及每一份城建档案资源背后的社会、文化和历史背景。与此同时，还需重视国内外编研理论的研究，深度学习最新的编研理论和方法以及相关政策和法规，并勇于尝试不同的编研方式，接受编研工作发展的新趋势。

　　其次，档案馆可以与其他档案部门共同开展城建档案文献编研成果学术交流活动，在交流中寻找不足之处，取长补短，提高编研成果质量。

　　最后，城建档案中可能会涉及不同地区的方言和文字，应吸纳精通各类方言的人才，协助档案编研，不仅是翻译，更要挖掘其中的内涵与意义，形成"编""研"并重的编研成果。

　　"编"与"研"是档案编研成果形成过程中的重要构成因素，档案馆在档案开发工作中只有做到"编""研"深度融合，形成编研一体化，才能出版高质量的档案编研成果。

第五章　智慧城市建设下城建档案管理策略

　　档案管理工作对城市建设具有一定的积极推动作用，对城市的发展有深远影响。通过对城市建设的需求以及未来的发展趋势进行研究与分析，城建档案更新发展理念，设定统一的发展标准，有效推动城建档案管理工作的开展。在智慧城市背景下开展城建档案管理工作，契合城市发展需求，进一步巩固档案管理工作。本章围绕智慧城市建设的现状、基于智慧城市建设的现代城建档案管理策略等内容展开研究。

第一节　智慧城市建设的现状

一、智慧城市与智慧城市建设

（一）智慧城市

1.智慧城市的内涵

　　前期，以数字城市为代表的城市发展成果为智慧城市的建设提供了重要基础，由此，智慧城市也可以被理解为数字城市发展的一种更高阶模式。关于智慧城市的概念和内涵，国内外有说法不一，众说纷纭，目前尚未形成一个比较权威且科学的关于智慧城市的内涵或定义，但总体来说，智慧城市的基本概念可以分为广义的智慧城市和狭义的智慧城市。结合文献阅览和政策研究，从广义概念上来看，智慧城市是建立在现代化信息技术基础上，并通过促进经济社会增长和提高人民群众生活水平使城市发展达到一种新的更高级的城市形态。从狭义概念上来看，智慧城市是一系列技术和管理理念有机融合的结果，主要关注了城市中各元素之间的动态关系，目的是推动经济社会健康、有序、高质量发展，不断推动市民生活水平和生活质量提高，达到一种更加和谐统一的城市发展新形态。

近年来，我国在智慧城市建设领域虽取得了一定成效，但仍处于起步期，"信息孤岛"、缺乏长效机制等问题仍然普遍存在，为了解决这些问题，新型智慧城市概念随之而出。在我国，随着"创新、协调、绿色、开放、共享"的新发展理念的不断深入，以及"数字中国"建设的不断深化，新时代下的智慧城市被赋予了越来越丰富的内涵，推动了传统意义上的城市发展模式向着更高水平、更高要求的新型智慧城市进步。在不久的将来，智慧城市将会更加规范有序、便捷高效，朝着更加正确、健康、可持续的方向迈进。

（1）以人为本

城市是人的城市，城市建设为人民。人的需求始终是最核心的建设目的，必须坚持从这个特性去出发和落脚，只有以人的可持续和健康发展作为根本着眼点，才能推动智慧城市建设始终沿着正确的方向发展，才能真正造福于大众。我国智慧城市建设要形成良性发展的生态，需要坚持以科学发展观为指导，坚持科学的宏观调控和微观指导，在注重多元参与的同时，坚定推进绿色发展、和谐和可持续发展，更加注重统筹兼顾，始终把实现广大群众对宜居生活的需求作为努力提升的方向，想群众之所想，急群众之所急，以更好的服务、更有效的管理让广大市民真正从智慧城市发展成果中享受美好生活。

（2）万物互联

以互联网、5G为代表的新兴技术是智慧城市迅速发展壮大的根本基础，同时，广泛存在的互联网资源也为万物互联提供了必要条件，通过新技术新手段，目的是将智慧城市中的要素有效联动，实现无缝对接，建立起一个更加合理便捷的城市"神经系统"。通过更加广泛的信息和服务集成，逐渐形成智慧城市所需的巨大信息资源库。利用功能强大的互联网、传感等技术，形成智慧城市网络，为生活在其中的人们带来直观体验和切身感受，如可以实现移动互联网终端轻松访问，以网络的便捷性实现生活的便捷性，达到公共网络信息资源和公共社会服务资源共享。

（3）智能集成

随着智慧城市应用的拓展和技术的发展，多个应用场景得以实现，智慧的触角联通了政务、交通、产业、教育、医疗等各领域，最大程度地实现了智慧应用集成。对市民来说，更高水平集成的应用场景更加高效便捷，对运营管护方来说，则使得成本有效降低。

从具体表现上来说，智能化是要尽可能地将人的智慧融入物的智能当中，最大程度促使人的需求与物本身的工具性相结合，通过技术手段将人的理念转化为一个个应用的现实，有效提升智慧应用场景的实用性、准确性以及体验度，最终达到提升发展水平，服务市民根本需求的目的。

2. 智慧城市的特征

智慧城市是数字城市的发展和改革，同时也是大数据背景下城市新发展的一种形式，所以，自身有如下很多特点：

（1）范围广泛

智慧城市主要依托大数据分析信息，覆盖的范围广泛。互联网时代，建设和管理城市必然产生诸多数据，全面掌握数据信息，了解城市发展情况有利于准确做出管理城市的相关决策。所以，智慧城市拥有着范围广泛的敏感型网络。

（2）资源共享

传统的城市管理理念在管理结构和相关资源上都十分僵化，然而，智慧城市则是打破了僵化格局，将城市的资源进行了有效的整合，将城市资源发挥出最大的价值。

（3）智能处理数据信息

随着智慧城市的发展，城市管理中会伴随着产出大量的数据信息，因此，必须智能化处理这些数据，才可以更为科学地评判城市运行现状，进而针对实际情况提出可行性的对策。

（4）应用的开放性

智慧城市建设的重要内容是数据信息，然而建设的终极目标并非处理数据，反而是在处理之后得到有用信息，进一步为居民提供舒适的服务。所以，应用的开放性便是智慧城市的一大特点。

（二）智慧城市建设

1. 智慧城市建设的目标

智慧城市的建设目标是管理精细高效、社会和谐发展、人民幸福安康、产业加速聚集。

管理精细高效是指通过智慧城市的建设通过搭建信息基础网络、集合信息数据资源、共享信息数据应用等，使城市的管理由城市的中心系统按照一定的规则统一调配、统一发展和统一运作，使城市的管理更加精细和智能。

通过智慧城市建设，促进了各个领域的创新发展，提升了创新的活力，通过释放政府和社会资源的红利，促进城市建设的和谐化转型。

人民幸福安康是指通过智慧城市的建设，加快推进智慧应用的研发，促进人民的生活更加幸福和便捷。

产业加速聚集是指在智慧城市建设的过程中，对需要用到的新一代信息技术进行产业化发展，通过产学研合作和科技成果转化等方式保障信息技术同实体经济相结合，促进实体经济的发展。同时实体经济的发展也为信息技术的更新迭代提供资金支持和应用支撑，促进和产业的加速聚集。

智慧城市的建设不应过度依赖信息技术的更新发展，更多的在于体制机制、管理模式、投资方式的转换，信息技术只是为智慧城市建设发展提供辅助保障。

2. 智慧城市建设的构成要素

智慧城市建设是以新一代信息技术为基础，政府主导投入的一种城市建设模式。房屋建设过程中最关注的就是地基是否牢固以及资金链是否跟得上，智慧城市建设过程如同盖房子，最主要的构成要素就是基础设施和经济保障，基础设施是智慧城市建设的底座，而经济保障是维持建设的资金供给。

（1）基础设施要素

"新基建"的逐渐成熟成为"智慧城市"建设的有力支撑。完善城市基础设施，逐步走向信息化是城市智慧化进程中的方向目标。目前，城市管理主要以建设城市信息资源共享中心为落脚点，利用城市政府信息系统、城市治理综合系统、城市经济数据网络平台来动态管理城市信息生态系统。在城市信息技术领域，主要利用物联网信息技术实现城市信息互联，利用3S（遥感、地理信息系统、全球卫星定位系统）技术建设促进智慧化、信息化的城市地理信息系统。此外云计算技术的使用颠覆了传统的城市商业行为，在城市信息传输方面，利用射频技术和传感器技术通过信息传感对信息源进行跟踪和传输，将原有城市封闭、固化的活动模式转变为城市的动态感知状态，利用网络技术对人、车的活动信息进行数字化传输。实现城市信息互联互通的第一步是利用网络平台收集信息并统一汇总为数据资源，利用大数据分析技术收集分散的活动信息，将其转化为城市决策和行为的依据。

基础设施作为智慧城市建设的关键要素，虽然现如今已经取得了很大的进步，但在智慧城市建设过程中还存在需要注意的问题。

一是根据认识上的不同，一些城市和地方在基础设施规划方面技术观念落后，无法在信息技术应用层面上适当整合框架。因此，基础设施在智慧城市建设中虽然很容易投资，但很难建造，也很难使用。

二是技术标准没有形成规范化、标准化。物联网等核心技术在我国未采用统一的数据类型，高频领域仍采用国际标准。在核心部分，很多技术规范都遇到了"卡脖子"的问题，受到国外标准的限制，这对数字发展有很大干扰，也影响了城市和企业的发展。

（2）经济保障要素

对于城市智慧发展和城市经济投入之间的关系，前者的高水平建设需要后者较高位地保持支持，换言之城市智慧化的建设水平也是当地城市经济发展水平的另一体现。经济投入保障城市智慧建设，在良好经济的支持下，城市建筑、公共管理、交通等多方面可以更好地实现数据资源整合共享能力。所以，经济发展和经济效益是智慧城市建设必须考虑的因素。

在发展智慧城市模式中，企业和政府扮演主要投资者的角色。企业的经营生产状况和政府的投资能力直接影响智慧城市建设的实施效率。在对投资大、建设周期长、收益期长的智慧城市项目投资时，政府承担了主要资金供给者的角色，未来可以加强和企业的合作，引入社会资本，更好地保障智慧城市建设。

3. 智慧城市建设的内容分析

智慧城市建设是一项复杂的、系统的工程，各个城市建设智慧城市都有自身的特色，智慧城市建设最忌讳的就是盲目炒作，通过对文献著作、论文期刊等研究，大体上智慧城市建设的主要内容如下：

（1）搭建智慧城市技术体系

智慧城市建设要充分利用信息技术的支撑作用，要建立保障体系，搭建统一完善的政府云资源中心，整合其他部门散落的数据中心，提高数据中心的使用效率，保证信息资源利用的最大化。

（2）完善智慧城市应用机制

做好规划设计，要从城市管理、政务服务、民生服务和产业发展等角度构建城市规划、建设、服务、运维、管理等方面的应用信息系统，完善信息系统的功能来服务于政府、企业和广大市民，不忘智慧城市建设的初心，全面提升在交通、卫健、教育、环保、应急和社会治安管理等方面的信息化应用水平。充分发挥信息资源对促进政府高效管理、经济高速发展、环境高度整洁、文化高质发展等方面的作用。

（3）建立智慧城市规章制度

目前来看，各地的智慧城市建设都在按照各自的想法开展建设，要建立规章制度实现智慧城市建设的统一、有序、高质的发展，避免杂乱无章和盲目投资。

（4）引入智慧城市评价机制

智慧城市建设的评价机制其实是建立以人为本的智慧城市建设评价指标体系。通过评价机制的建立，可以更好地保障智慧城市建设的互联互通和安全发展，更加突出物与物的沟通、城市的精细化管理以及数据和个人的信息安全等。

（5）改变智慧城市投资模式

智慧城市的建设，投资模式是关键。单靠政府的投入难以为继，要通过机制创新、模式创新、金融创新等方式方法助力智慧城市的建设，要充分发挥政府的协调作用和财政资金的杠杆作用。

综上，智慧城市的最重要建设任务就是智慧应用，主要的目的是提高政府的政务管理和为民服务的水平，满足人民群众日益增长的信息化服务的需求。

4. 智慧城市建设的意义探讨

（1）优化城市产业结构，创新经济驱动方式

智慧城市的建设主要是以物联网技术为核心，融合互联网对城市经济、社会系统、城市管理等内容加以智能化改造的持续性过程，故而在建设智慧城市进程中务必要依托创新技术以及高技术产业的发展支持。与此同时，基于智慧城市建设背景下，我国高技术产业规模也能够进一步壮大，在现代化城市经济中的占比也会相应提高。而除了新技术，城市传统工业、服务业等也能够在这场智慧变革中加速自身的创新转型，从而衍生出智慧制造、智慧商务等新兴产业形态。由此可见，智慧城市的建设有助于优化城市产业结构，有效地促进城市社会经济驱动方式的进一步创新。

（2）提供优质的公共服务，切实解决民生问题

第一，智慧城市建设中所涉及的信息要素主要是公共资源配置与使用所会运用到的要素。显而易见，在智慧技术的融入基础上，智慧城市的建设直接克服了常规社会公共服务中所存在的"信息不对称"的弊端，广大城市居民在享受医疗、教育、交通等公共服务时也可以快速、便捷、直观、全面地获取有关服务的信息。

第二，智慧城市中的智慧社区、智能家居等设施设备的投入使用也可以促使公共服务从细节上得以有效完善，有助于切实地优化居民日常生活。以智慧医疗为例，在基于数字化、网络化以及智能化的日常生活环境中，城市人口老龄化以及家庭空巢化等问题都能够被很好地解决。与此同时，大量的知识型、技术型服务岗位涌入社会环境，城市严峻就业形势也会得到明显的缓解。

（3）培育个性化消费市场，提高居民生活品质

近年来，互联网信息技术的飞速发展给人们的生活与工作带来了巨大的转变，并且随着城市经济形态的多元化发展，城市居民的传统消费习惯也发生了相应的变化，全面互联网时代，人们的商品消费需求逐渐向个性化、品质化方向发展。智慧城市的建设能够打破传统城市经济条件下难以满足居民个性多元化消费需求的发展困境，究其原因，智慧城市中充满各类具有便捷性与低廉性特征的信息交互手段，企业供给链能够更加充分且直接地融入社会消费市场，继而实现供给与市场需求之间的直接对接，多个商品流通环节的省略无疑能够大幅度降低产品销售、服务等方面的成本。由此可见在智慧技术的渗透及智慧城市发展的前提下，个性化消费市场被打开，城市居民在享受多元化消费选择权利的同时，其生活品质也能够逐步提升。

（4）城市管理主动化高效化，凸显城市主体间信息互动

智慧城市的建设创新了城市管理模式，与常规城市管理相比，智慧城市可以通过整合互动的方式建立一种协作式公共管理模式。具体城市管理工作中，依靠强大的物联网技术，城市中所分散存在的资源、信息、组织等都可以被整合、融合起来，而这些资源和信息通过城市管理公共部门的信息共享平台则能够直接形成无缝沟通互动、协同服务的综合性管理体系。此时，无论是城市公共管理部门还是普通的社会大众，都可以通过浏览、查阅共享平台中所发布的信息来及时感知、掌控城市的运行状况。对公共管理部门而言，能够及时地掌握城市居民实际需求，接收外界反馈信息，有效地提升其日常工作效率与决策水平；对社会大众而言，则能够使得智慧城市在"碎片化"的公共服务、公共管理中得以有效整合，真切凸显出城市主体之间的信息互动情况。

二、国外智慧城市建设现状

作为世界上较早进行智慧城市规划与发展的国家与组织，美国与欧盟的智慧城市建设成效颇丰。2015 年，美国启动白宫智慧城市行动倡议，计划投资 1.6 亿美元用于研究与技术合作。该倡议的关键战略包括为物联网应用程序创建测试平台并开发新的多部门协作模型；加强城市政府与个人、企业家和非营利组织的信息技术合作及城市间的合作；利用现有的联邦政府资源，扩大对传感器网络、网络安全、宽带基础设施、智慧交通系统等方面的投资；寻求国际合作，尤其是与非洲、亚洲的合作。美国智慧城市建设最关注的问题是交通问题。同年，美国交

通部发起"智慧城市挑战"活动，要求各城市开发一个智慧交通集成系统，为提高城市交通效率提供创新的解决思路。2016 年，堪萨斯城为应对该挑战提出的"Beyond Traffic Initiative"项目就是其中一个例子。欧盟智慧城市建设最关注的问题则是能源问题。2018 年，欧盟"地平线 2020"计划投资 2000 万欧元用于支持由挪威科技大学牵头、特隆赫姆等 7 个城市作为试点的智慧城市项目，该项目通过使用数字服务使能源生产量高于能源消耗量，从而提升市民的生活质量，同时在欧洲推广相关的创新能源方案，期以改善欧洲当前的环境质量。

三、国内智慧城市建设现状

（一）国内智慧城市建设概况

我国智慧城市建设主要依靠政府推动的自上而下的社会参与。

2014 年 8 月，国家发展改革委等八部委印发《关于促进智慧城市健康发展的指导意见》，敦促各省、自治区、直辖市人民政府，国务院各部委、各直属机构协调解决智慧城市建设中的重大问题，确保智慧城市建设健康有序推进。2016 年 2 月，《中共中央国务院关于进一步加强城市规划建设管理工作的若干意见》指出，要推进城市智慧管理，加强城市管理和服务体系智能化建设，到 2020 年建成一批特色鲜明的智慧城市。2017 年 8 月，国家测绘地理信息局印发《智慧城市时空大数据与云平台建设技术大纲》（2017 版），突出了时空大数据和时空信息云平台两项重点任务，以进一步明确目标，加快推进智慧城市时空基础设施试点与建设，加强同其他部门智慧城市工作衔接，全面支撑智慧城市建设。

党的十九大提出要建设智慧社会。"智慧社会"是对"智慧城市"概念的中国化和时代化，建设智慧社会对于深入推进新型智慧城市建设和实施乡村振兴战略等都具有重要现实意义，赋能我国经济高质量发展。《中华人民共和国国民经济和社会发展第十四个五年规划和 2035 年远景目标纲要》（简称"十四五"规划）指出要加快数字化发展，建设智慧城市和数字乡村，以数字化助推城乡发展和治理模式创新，分级分类推进新型智慧城市建设。据不完全统计，目前国家发改委、住建部、工信部、中央网信办等部门组织开展的智慧城市试点数量已超 900 个。其中，住建部公布的三批智慧城市试点数量已达 290 个。2013 年 1 月，住建部公布首批即 2012 年度智慧城市试点共 90 个，其中地级市共 37 个、区（县）共 50 个、镇共 3 个。同年 8 月，住建部公布第二批即 2013 年度智慧城市试点，包含北京经济技术开发区等 103 个城市（区、县、镇）。2015 年，住建部公布第三批即 2014 年度智慧城市试点，包含北京门头沟区等 97 个城市（区、县、镇），另有 41 个项目被确定为专项试点。

地方政府积极推进智慧城市建设随着国家智慧城市的政策体系逐渐完善，地方政府积极响应国家政策，纷纷出台一系列的战略部署深化推进智慧城市建设。例如，2016 年，浙江杭州率先提出"城市大脑"概念，强调通过大数据、云计算、人工智能等技术不断探索智慧城市建设，努力打造"全国数字治理第一城"，为全国大中城市治理数字化和现代化贡献杭州经验。2017 年 1 月，广东发布"智慧城市评价指标体系"，将智慧城市建设分为智慧城市基础设施、智慧经济发展、智慧社会生活、智慧政府管理和服务四大类。同年 1 月，云南印发《云南省信息产业发展规划（2016—2020 年）》，提出构建"云上云"行动计划的信息产业支撑服务体系，重点推进政务云、工业云、农业云、商务云、益民服务云、智慧城市云、区域信息服务云建设。2019 年 2 月，河北印发《关于加快推进新型智慧城市建设的指导意见》，提出到 2020 年，建设一批特色鲜明的新型智慧城市，筛选确定三个市主城区和十个县城开展新型智慧城市建设试点，探索符合河北省情的市、县级智慧城市发展路径。2021 年 3 月，四川印发《关于深入贯彻党的十九届四中全会精神推进城乡基层治理制度创新和能力建设的决定》，围绕"优政、惠民、兴业"总体建设目标，加快构建新型智慧城市建设新格局。

（二）国内智慧城市建设的优势

在国家新型城镇化建设背景下，"十四五"规划纲要强调，加快数字化发展，建设数字中国，这为智慧城市发展做出了战略指引。当前，我国智慧城市建设具备以下优势条件：

1. 国家政策支持，推进智慧城市快速发展

当前，我国的重要发展战略之一是加快智慧城市建设。《2022 年政府工作报告》指出，要建设数字信息基础设施，推进 5G 规模化运用，发展智慧城市、数字乡村；《"十四五"全国城市基础设施建设规划》提出，加快新型城市基础设施建设，推进城市智慧化转型发展；党的二十大报告中提出，要加强城市基础设施建设，打造宜居、韧性、智慧城市。由此可见，在国家政策及相关机构的大力支持下，我国智慧城市建设将呈现持续快速发展的向好态势。

2. 经济稳定增长，提供良好的建设基础

如今，我国经济的持续、稳定增长，科技水平大大提高，为智慧城市建设提供了两大有利条件：一是财政收入持续增长，为政府的投资提供了一定的资金支

撑，促进了行业内企业的迅猛发展；二是为业内企业创造了良好的营商环境，有利于智慧城市的建设。

3.技术升级迭代，助力智慧城市发展新机遇

5G、云计算、物联网、人工智能及工业互联网等新一代信息技术在各个领域的广泛应用为智慧城市建设带来了新的发展机遇。

一是为智慧城市发展提供更高效的运行解决方案，推进智慧城市建设数字化、监测感知网络化、运营管理智能化。

二是助力解决过去城市建设因技术原因存在的问题，同时创造新的建设需求。由此可见，核心技术在很大程度上影响着智慧城市的发展。

（三）国内智慧城市建设存在的问题

1.统筹协调能力较弱

智慧城市的建设是一项内容与技术均涉及广泛复杂性、系统性的建设工程，在建设规划上，城市建设者及管理者则应当针对智慧城市的实际发展建设需求从建设项目与工作的各个方面进行综合性、复合性的统筹协调安排。但是，目前城市建设中相关管理人员普遍缺乏良好的统筹协调能力，更有部分城市还缺乏专门的行政主管部门来统一负责城市建设工作，或直接仿照已有智慧城市模式开展建设，或直接照搬其他城市的智慧建设模式，如此一来，智慧城市建设缺乏应有特色，所投入的建设项目也有可能脱离城市发展实际。

除此之外，统筹协调机制的欠缺也是导致建设统筹协调能力较弱的重要原因，一方面智慧城市保障措施、推进策略等相对滞后，顶层规划长期停留于纸上谈兵阶段；另一方面智慧城市全生命周期管理机制不健全、城市绩效评价标准不完善等也特别容易诱发城市监管缺位、资源浪费、重复建设等问题。

2.顶层设计不深入

智慧城市的顶层设计是谋篇布局的领航灯，是决定城市能"跑"多远的助推力。它是基于对城市现有建设条件和目标需求的足够了解，以战略思维做出的高瞻远瞩的长期规划。

在智慧城市建设内容的顶层设计上，现有智慧城市规划科学性、系统性有所欠缺，智能化发展的理念仅在单一领域体现，而整体协调推进、可兼容可持续发展的理念还贯彻不够，自身的区位优势在智慧城市建设中无法得到重点展示。

在设计某些功能时，由于政府没有对应用情景进行充分了解，就仓促地进行

了建设，有些板块在建设完成后，由于软件应用能力跟不上、信息处理能力不匹配，建设后的应用能力不理想，使得当前智慧城市的设计思路仍处于不明确的状态，属于边摸索、边建设，没有具体的基础和支撑的实施步骤相配套。

3. 部门职责不明确

在智慧城市运作模式上，各部门职责有待进一步明确。智慧城市强调整体运作模式，存在"条强块弱"的现象，各职能部门之间还存在着政策壁垒，常常出现各自为政的局面，在资源整合、信息共享和业务衔接上都存在着不流畅的问题，很多问题在技术层面上很好解决，可到了机制体制上就会诸多掣肘。

4. 数据信息共享不充分

获取数据并对其有效分析是智慧城市建设的基础。目前，部分基层的数据资源整合还有待加强，未能全面打破"信息孤岛"并实现信息共享。一方面，基层数据资源的掌握不足，信息基础设施建设目前仍不够全面，如无线网络就还没能做到全城覆盖，各种数据库等也在建设和充实，信息基础设施对智慧城市建设的支撑作用不足，而且它只是基础设施中的一部分，从全局来看，智慧基础建设任重而道远。另一方面，部门之间的数据壁垒仍然存在，如批量数据向二级中心回落比较困难，甚至出现自己上传的数据没有权限使用的窘境；即使有些数据是开放的，也存在数据的实时性不准、口径不一致的问题，基层单位使用数据困难重重。此外，一些上级部门的视频数据未能获得授权取用。

5. 人工操作效率低

智慧城市从问题录入、解决到汇总等环节大多靠人工操作，导致问题的排查、分析解决较慢、效率较低。在信息采集环节，智慧城市系统直接发现多是占道经营、倾倒污水等问题，而对其他流动性、隐蔽性强的问题仍然多靠网格员上报、群众投诉举报或者上级领导督办，人工还是主力；在任务受理环节，系统更是依靠座席员派单、督办。

在一个较为成熟的智慧城市中，人力的作用应主要在于对流程的设计和监控，智慧系统负责推进、执行流程运作任务。例如，为避免极端天气下户外广告牌掉落伤人，传感器能实时检测广告牌倾斜角度及压力程度，并在触及预设红线时第一时间示警，有效替代人工巡查；例如，上海市大范围布设传感器，当消防通道被无故占用时，地下传感器就会立即向相关部门发出警报。当前我国智慧城市的发展还很不充分，智慧化程度还有待提高，解决复杂问题方面还有很多欠缺，如对公共突发事件的预测分析、模型构建还不成熟；多部门一张图远程在线会商功能还不完善；根据事件信息和风险隐患监测系统分析结果快速生成应急指挥协调和处置方案的设想还未达成。

6.欠缺相关方面人才

人才方面的缺乏也限制了智慧化发展，智慧城市的人才现状距离智慧城市的需求目标仍有不足。目前，智慧城市建设中多为基础性工作人员，缺少从事智慧产业专业技术强、素养高的高精尖人才，对人才管理的重视度不够，对储备人才的切身利益的保障还不到位。

7.互动渠道不通畅

智慧城市建设不仅仅涉及政府一方，建设的目的是服务市民，政府需要吸引市民参与互动。目前，我国的智慧城市都是从供给端出发提供应用和服务，在智慧城市的建设中市民参与的作用几乎没有发挥出来。政府虽然秉承"以人为本"理念，但智慧城市中与市民互动的信息渠道未予搭建，政府的设想、思路和群众的需求、评价都无法顺畅交流。一方面，政府对群众参与的重视度不够；另一方面，这也与市民素质和民主意识有一定关系，多数市民不能理解智慧城市和自身的关系，缺乏参与的意愿和能力。这两方面因素都导致在现实运作中群众的参与度不高。

8.制度机制不健全

统筹管理机制不健全，在建设中存在各行其是、"数据孤岛"的现象。一些城市地区因政府横向部门间运营管理平台及数据不互通，导致信息使用各自为政，政府及职能部门间的数据存储格式各样，存在分类差异，只注重各自的建设和创新，缺乏统一的信息化平台，因此无法实现城市状态的全面联动。

在智慧城市建设的早期，一味堆积大量硬件和技术，存在很多地方数据不流通、重复创建造成资源浪费等情况。正是由于地方政府在智慧城市建设过程中缺少精准的顶层设计和管理制度，单纯为了建设而建设，导致智慧项目政企合作边界不清晰，技术系统运行及维护、数据质量及使用的监督管理制度不健全，致使智慧城市建设总体效果不佳。在新型智慧城市的建设中，需要根据不同地区加强顶层设计，促进政府间的横向联动，实现动态管理，多元共治。

第二节　基于智慧城市建设的城建档案管理策略

在智慧城市建设期间，城建档案管理发挥了不可忽视的作用，是城市信息资源采集、整理以及应用的重要依据。在实践工作中，加大对档案管理的重视力度、采用有效的方式强化档案管理水平可进一步加快城市化发展速度，促进智慧城市建设的发展。

一、智慧城市建设的策略

（一）强化顶层设计

整体性治理理论其中一个重要目的就是以整体性为导向，加强部门合作，破解碎片化管理的困境，这需要政府通过科学顶层设计来实现。政府在提供公共产品和服务时，最重要的是研究法律和制度基础，即"游戏的规则"，依法依规推进智慧城市建设，政府需要转变认知理念，科学完善顶层设计，为整体性和地方化的智慧城市建设提供框架和指南，保证智慧城市建设良好有序地开展。

1. 转变政府认知理念

建设和运行智慧城市不能一蹴而就，要考虑到复杂性和长期性，但因为经验有限，在建设过程中难免会有风险和困难。政府作为建设的主导者和实施者，一定要对智慧城市的本质和内涵有全面的认识和理解，对未来的建设路径有清晰的思路。

对建设者普及相关的建设理念，使其加深对智慧城市的理解和认识，可以采取定期培训、专家讲解、外地交流等形式增加建设案例的示范和最新的理论研究，拓宽领导眼界，开拓建设思维，进而逐渐转变在智慧城市建设中的一些错误认知，树立科学有效的治理和服务理念。

2. 科学完善顶层设计

智慧城市建设需要政府投入巨大的人力、物力和财政资金，如规划不够科学理性将会给国家和人民带来巨大损失，所以科学完善规划设计非常有必要。

政府是智慧城市建设的规划者和参与者，应合理设定各时间、区间和各领域的中短期目标，制定出长期的可持续的战略规划，在规划设计上不仅要全面，而且有重点、有特色，并制定出台支持各功能板块融合发展的各种配套措施，注重跨部门间的交流协作，完善管理体制，进一步提高智慧城市建设的战略地位。

在规划重点上，政府要认真研究上级层面的指导意见和政策导向，要与上级政策"合拍"，这样不仅能少走弯路，而且能争取资源。同时，政府要结合本地经济和地理优势，科学规划建设前景，兼顾城市的可持续发展，使智慧城市建设既可融入，又有特色。

（二）推进数据融合开放共享

1. 加强数据安全防护，消除安全顾虑

在推进数据融合的过程中，除了数据管理权限外，安全顾虑和责任风险已成为主要障碍。要推动数据安全应用规范标准和配套制度建设，明确数据采集、储存、传输、使用等各环节的安全标准和安全责任，消除各部门因安全问题而不愿推进数据共享的顾虑。要贯彻落实网络安全等级保护制度要求，建立网络与信息安全管理制度、技术标准和应急处置方案，强化信息系统、信息基础设施和数据资源安全保障，有效防范、控制和抵御信息安全风险，提升网络信息安全防护水平。

2. 突破部门壁垒，推进数据共享融合

要向区智慧城市治理中心扩权赋能，明确其统一管理全区政务数据，要求其他部门和街道全力配合。依托政务云和政务信息资源共享平台，以统一的时空基准研究制定数据标准体系，出台数据共享办法，建立健全系统建设和接入标准规范，按照"谁主管、谁使用、谁负责"原则，由各单位做好各自业务系统和数据资源建设、运维和管理工作。在此基础上，把各部门的、相互间各自独立的信息系统统一整合成信息互通共享、业务协同开展的全区"大系统"，打造全区"公共数据资源池"。

3. 有序开放数据，提升数据使用价值

依托城市统一的公共数据开放平台和区政务信息资源共享平台，推进部门和街道数据资源集中向社会开放。优先推动交通、医疗、卫生、就业、教育、信用、社保、科技、环境、统计、气象等民生服务领域的数据向社会开放，加大公共服务数据开放力度，提升数据利用水平，推动政务大数据与各行业各领域融合发展，探索建立公共数据资源运营机制，促进公共数据资源流通增值。鼓励拥有数据的机构、企业通过大数据交易平台进行数据资产化运营，探索建立通过商业行为驱动数据开放共享的新模式。

4. 构建支撑数据汇聚的智能基础设施

国内外许多城市的经验表明，智慧城市建设要依托于智能基础设施的支撑。当前，国内新型基础设施建设正迎来政策的"窗口期"。抓住机遇，组织编制5G、大数据中心、人工智能、工业互联网等新型基础设施建设发展规划、行动方案和年度推进计划，推动新基建项目加快实施，建设与经济社会智能化发展需求相适应的基础设施体系。运用物联网、视联网、移动互联网等技术，整合路灯、交通、通信、监测等市政设施，以智慧多功能杆为载体分类推进市政设施、交通运输、地下管网、河湖林地、生态环境、安全生产等领域感知体系建设，逐步实现"多杆合一、多箱合一、缆线共廊"的模式，打造集成视频监控、交通信号与抓拍、无线通信、环境监测、智慧照明、应急求助等多种功能于一体的城市公共设施综合物联网络，助力"城市大脑"功能拓展和服务延伸。

（三）强化创新驱动，提升智慧水平

1. 突出科技创新引领

技术发展与创新是当前智慧城市发展的关键，是智慧城市建设的主要动力。智慧城市的建设需要从源头加大信息技术的创新发展和应用，加大智慧应用平台的集成融合，将技术创新突破摆在更加重要的位置。一是锁定并着力解决制约智慧城市建设水平提升的"卡脖子"问题，加速推动科技创新，推动更大程度、更大范围的产业化发展，加大科技与产业的深度融合；二是在智慧应用市场系统化建设和开发中持续用力，以应用场景的创新带动基础设施建设不断完善，推动智慧产业深层次改革，不断促进数字化、信息化、科学化管理深度结合。

2. 加强标准规范建设

着力强化标准规范建设，不断完善标准化建设体系，通过规范建设推动资源整合，探索出可复制、可推广的经验为其他城市提供参考和模板，为智慧城市间协同发展奠定基础。重视智慧城市建设中的"目标规划"说明政策制定者们逐步认识到顶层设计对于政策制定和执行的重要性，然而智慧城市建设不仅是顶层设计，也不只是技术问题，更重要的是体制完善和制度优化保障，都处理好之后才能为智慧城市建设营造出更好的环境。

3. 壮大核心产业支撑

智慧城市建设依托"十四五"时期新型基础建设、信息产业等领域规划，加快5G、大数据、人工智能、工业互联网、区块链等与智慧城市相关的核心领域基础设施建设，推进企业"上云用数赋智"，推进智能工厂建设试点示范。协同都市圈发展力量，持续推进产业智慧化、数字智慧化转型，通过大力扶持和鼓励一批高新技术企业、科研院所等建设，培养一批领军企业和"专精特新"企业。大力支持企业开拓国内、国际市场，培育智慧化、数字化产业聚集区。不断丰富智慧应用示范，同时加快完善现有智慧平台、应用成果，实现更加全面、高效、便捷的智慧服务。

（四）健全完善智慧城市建设的保障机制

1. 完善政府问责意见反馈机制

公民参与新型智慧城市建设过程需要一定的参与热情和参与能力。如果公民自身能力水平不足，那么其参与效率也会降低，最终参与热情被磨灭。公众参与缺乏认同感除了传统因素外，更主要是由于部分政府职能部门的不作为，因此，政府应完善问责意见反馈机制。

2. 建立健全组织领导和责任分工机制

从顶层设计和总体规划可以再次看出，智慧城市建设是一项庞大复杂的系统工程，牵涉各方面、各部门和所有街道、社区。因此，必须建立高效顺畅的工作机制。从我国政府部门运转的实际出发，关键是要加强组织领导力量和压实工作责任。

（1）建立健全组织领导机制

根据智慧城市建设涉及面广的实际情况，进一步完善智慧城市建设领导小组构成人员结构和组织架构，加强领导力量和统筹能力建设，建议由区委、区政府主要领导担任组长，由区委、区政府全体副职领导担任副组长，由各部门、街道主要领导担任成员，领导小组建立联席会议机制，定期审议研究智慧城市建设重大工作。领导小组可根据智慧城市建设重点任务的实际情况组建专项工作推进小组，比如组建五大智能化应用体系建设工作小组，由相关分管区领导担任小组长，带领相关职能部门抓好工作推进，确保取得重点突破。领导小组在区智慧城市治理中心设立办公室，负责牵头抓好智慧城市建设日常工作。

（2）建立健全责任分工机制

细化智慧城市建设的每一项重点任务，明确每项任务的责任区领导、责任部门、完成时限，以责任落实倒逼工作落实。牵头部门根据工作任务加强理论研究，对标国内外先进地区经验做法，研究制定本部门、本系统智慧城市建设子方案及配套措施，明确建设目标、工作任务和实施计划，高效推进工作落实。全区智慧城市建设领导小组办公室要会同目标督查部门将智慧城市建设工作落实情况纳入年度目标考核管理，加强过程管理和结果考核，对区级部门、街道项目建设情况、运营管理情况、资金使用情况等进行考评，实施奖惩措施。

3. 创新探索多元化的资金投入机制

智慧城市建设需要大量的资金投入，光靠区级政府财政投入压力太大，难以为继。从区级政府实际出发，要从本级财政投入并争取上级资金、吸引社会资本、组建运营公司等多渠道拓宽资金来源。

（1）坚持投入财政资金并争取上级资金

当前，智慧城市建设仍处于初期阶段，建设资金仍是主要依靠政府财政投入。要按照集约节约原则，统筹安排财政资金支持智慧城市建设，并探索智慧城市建设资金分级投入机制，强化财政资金的保障力度。鼓励各部门积极向上争取市级、省级和国家财政资金扶持，强化财政资金保障。同时强化资金使用效能，对智慧城市建设项目资金开展绩效评价工作，实时跟踪预算执行情况，加强项目资金管理使用效果的监督管理，强化考核结果的运用，奖优罚劣，倒逼提升资金使用的实效。

（2）鼓励社会资金投入智慧城市建设

一方面加强政府引导；另一方面坚持市场化运作，支持鼓励金融机构信贷投放向智慧城市领域倾斜，支持国有平台公司、互联网企业、社会组织、行业协会发挥自身优势，积极参与智慧城市建设。定期向社会发布智慧城市建设机会清单，特别是在文旅、体育、交通、医疗、生态环保等民生服务行业，积极吸引社会资本参与投资建设，探索建立专业化、市场化、法治化、产业化的智慧城市建设运营管理长效机制。开展政企合作时，要重点查看企业运营的商业模式，考察其持续运营的能力。

（3）探索组建负责智慧城市建设的数字城市科技公司

按照"市场化逻辑、公司化运作"原则，参照区域内其他国有平台公司模式，探索组建负责智慧城市建设的数字城市科技有限公司，专门开展智慧城市促建项目、咨询服务、城市感知体系、数据资源资产、智慧城市产品服务、投融资等业务，增强后期运营造血功能，探索可持续、有生命力的智慧城市建设管理运行健康模式。

（五）完善信息安全相关行业监管

1.健全信息安全政策法规

建立在"互联网+"技术基础上的信息安全具有诸多新的特征，这些特征同时也带来了新维度的安全问题。为了更加高效地保护信息安全，政府需要对信息技术和数字经济发展带来的新挑战、新情况、新维度加以统筹考虑。首先要完善安全管理体制机制和制度建设。牢牢把握"管得住才能放得开"原则，把信息安全风险防控作为新型智慧城市建设成败的最关键变量。按照不同维度，不断完善信息分类、分级保障机制，落实新型智慧城市建设的信息安全风险防控主体责任，建立健全覆盖信息要素在采集、传输、使用、存储和销毁等全生命周期的信息安全防护体系，在涉及国家安全、意识形态、公共安全卫生、民众隐私等重点领域尤其需要关注。推进构建以政府网信办、保密局、公安局、大数据局等多部门共同参与的信息安全管理机制，加强各部门间的工作协调联动，有序推进新型智慧城市建设数字化转型的信息安全保障工作，坚决打好智慧城市建设过程中信息安全风险防控的主动战、整体战和协同战；其次，加强对信息安全的审批监管。对信息处理、使用审批等流程进行严格监管，以保证信息不会发生泄露、未授权访问等风险。同时对信息共享的环节进行严格的安全管控，确保所有信息共享行为都经审批，在管控之下。再次，是建立健全信息安全事件的应急处置体系，强化对信息安全的全天候动态监测和威胁预警能力，逐步实现从"被动防护"安全体系转型向"主动防御"安全体系，坚持信息安全风险防控和新型智慧城市建设统筹规划、全局部署、整体推进。最后，对于民众信息安全隐私泄露等事件设置专门的司法救助通道，多方位构建自主可控的城市信息安全保障体系。

2.加强信息安全保护宣传教育

在信息化时代，社会公众作为个人信息安全的主体，大部分人的信息安全保护意识并不强。因此，政府部门一是要通过不定期组织与网络信息安全相关的讲座和培训不断提高全体干部职工在计算机操作能力、信息应用技能，加大对网络信息安全等知识普及和推广，提高其防范意识、应急处理能力。同时通过定期举行应急预案的演练以提高干部职工对网络安全事件的应急处理水平，从演练中审察应急预案的各环节是否符合迅速有效的要求，及时发现预案中的问题和缺陷，以帮助进一步改进完善应急预案、明确各岗位应急响应能力和职责。二是要加强民众的网络信息安全防范意识教育。紧扣个人信息保护主题，面对不同群体采用灵活多样的普法宣传形式。例如，组织工作人员深入基层人民群众，网格化点对点地进行数据保护和个人信息安全宣传物料的发放和讲解；对部分防护意识不足、信息安全投入不足的企业开展公益的安全防护知识讲座；走进各大高校开展校园数据保护和个人信息安全法律知识宣传教育；以生动有趣、形式多样的载体推广普及数据保护和个人信息安全等法律常识，切实提高学法、懂法、守法的全民意识，增强民众数据保护和个人信息安全防范能力。

（六）借鉴国外智慧城市建设先进经验

1. 美国智慧城市建设的做法

美国是较早开展智慧城市建设的国家，"智慧城市"的概念和提法也源于美国企业国际商业机器公司（IBM），此轮智慧城市建设热潮正是 2009 年美国政府与 IBM 进行合作而掀起的。美国以其领先的经济实力、创新能力和先发优势，在智慧城市建设方面积累了许多好的做法和值得借鉴的经验。

（1）积极发挥政府的统筹引导作用

美国以国家战略推动智慧城市建设以期助力经济复苏发展。在机构设置方面，为更好协调推进智慧城市建设成立了相应的工作机构，加强统筹协调，比如网络与信息技术研发小组、智能电网特别工作组、智慧城市和社区工作组等；在顶层设计方面，先后颁布了一系列相关政策文件加强规划指导，如《白宫智慧城市行动倡议》《美国创新战略》等；在法律法规建设方面，美国国会议员十分重视智慧城市和智慧社区建设中的立法问题，注重规范使用新技术、信息安全和隐私保护，比如有议员提出了《2017 年智慧城市与社区法》《21 世纪智能汽车法案》等，美国国会出台了《2020 年人工智能未来法》；在建设资金投入方面，许多联邦机构都拟定投资计划。从这些做法可以看出美国政府在智慧城市建设的顶层设计、立法监管、政策指导和投资带动等方面都发挥了重要的引导作用。

（2）明确建设的重点领域

《白宫智慧城市行动倡议》关注的四个重点领域分别是创建物联网应用试验平台，开发新的跨部门协作模式；与民间科技活动合作，打造城市间的合作；聚焦智慧城市，充分利用联邦政府已经开展的工作；寻求国际合作，将亚洲和非洲作为技术和产品的主要出口市场。同时，从联邦机构的建设情况看，美国智慧城市建设的重点领域有能源领域、交通领域、城市建筑领域、农业领域、水资源领域及制造业领域。可以看出，这些重点建设领域与城市发展、民生服务、经济产业息息相关。

（3）构建统一的信息共享平台

智慧城市的建设将产生海量的信息数据，其高效运转也需要数据支撑。各个行业领域的信息由相应的主管部门负责收集和管理，一些企业也掌握着大量的公民个人信息，在这种情况下既有标准不一的问题，也容易产生信息泄露的风险。从《科技与未来城市报告》可以看出，美国在智慧城市建设中重视信息的开放共享和安全保护，构建全国统一的信息共享平台，在保护隐私的前提下，汇聚不同领域的数据信息，以开放的态度展示共享数据使用的实践成果，分享积累的建设经验。

（4）重视多方的合作共建

美国在推进智慧城市建设过程中注重跨领域、跨部门、跨城市之间的合作，在部门、机构、大学、企业和公众之间建立良好的互动合作关系。比如智慧城市和社区工作组就是一个跨能源部、商务部、农业农村部和地方政府的工作机构。美国国家标准与技术研究院通过举办全球城市团队挑战赛，将存在建设难题的社区和有能力解决难题的团队联系在一起，通过合作降低解决问题的成本；美国交通部也举办自主互联汽车挑战赛，将城市的政府、企业、技术研究人员和市民志愿者等联合起来，共同为促进城市交通发展进行合作。

2. 国外其他地区和城市的经验

（1）欧洲的建设经验

欧洲的智慧城市建设坚持以人为本的理念，紧密结合当地城市的历史文化特色，注重与居民的合作，高度重视对生活环境的保护，建设的重点领域也多集中在与居民生活密切相关的能源环保和公共服务领域，如能源利用、医疗救护、社会安全、生态环保等方面。同时，比较注重以顶层设计来规划引领建设工作，如英国伦敦就制定了《智慧伦敦计划》，提出要坚持规划连贯性、一致性，形成一套科学完整的智慧城市规划、评估机制，构建起从规划指导实践、在实践中评估规划、以评估完善规划的智慧城市建设路径。

（2）新加坡的建设经验

无论是在亚洲还是世界，新加坡都是较早开展智慧城市建设的国家。新加坡采用政府主导模式推进智慧城市建设，2014年，新加坡启动"智慧国家2025"计划，在全国范围内建设智慧城市，该项计划很快从理论研究进入实践建设阶段。新加坡政府智慧城市建设的重点领域是与市民生活密切相关的交通、医疗、教育、照明等领域，比如发展智能交通，解决交通拥堵问题；建设推广综合医疗信息平台；利用网络通信技术增强学习教育的效果；改造城市基础设施，升级智能化路灯等。

二、城建档案管理的策略

（一）完善城建档案集成内容与方式

随着智慧城市的建设，行业内部、各行业之间信息交互的需求越来越强烈，各城建档案管理部门之间的信息壁垒亟待被打破，碎片化的城建档案数据亟需被整合，增进城建档案资源的信息交流与共享。城建档案数据资源的全面集成是通过交换应用间的数据，将要求归档的城建档案数据完整、系统地归档，解决城建档案数据分散和利用集成之间的矛盾。做好城建档案的接收工作是实现城建档案数据资源全面集成的前提所在，要求从完善城建档案收集工作机制、丰富城建档案移交归档内容、构建城建档案归档移交平台三个方面解决目前收集不完整、质量不高的问题。

1. 完善城建档案收集工作机制

在城建档案收集工作中，由于取消了保证金制度且没有及时完善相关的机制建设，导致城建档案收集内容有所欠缺，流失了大量的数据资料。为了确保城建档案收集内容的完整性，应先从机制入手，创新与完善收集工作机制，为城建档案的高效管理和有效利用做好基础工作。

第一，在城建档案收集工作中采用诚信监管机制，制定组织机构信用移交制度，这样可以有效约束建设单位及时将工程文件归档移交。建立城建档案的诚信监管机制要根据目前城建档案管理的相关规定确定归档移交责任主体；对竣工验收后没有及时移交或者数据造假等不符合国家相关管理规定的单位发出行政警告，并要求其限期整改移交。

第二，建立和落实好城建档案工作责任制，对城建档案的收集工作进行严格监督。落实好城建档案工作责任制的要求建立完善、有力、合理、科学的档案工作责任制，包括合理分工和细化工作职责。同时，要明确责任指标，严格要求，即在接收城建档案时明确应该接收哪些文件和文件收集标准。

第三，健全监督考核机制。城建档案收集工作机制应包括明确的监督和检查机制。"谁来管，管什么，怎么管"都要明确规定，这样才可以真正对管理规定进行落实，从而确保收集内容的完整和详尽。

2. 丰富城建档案移交归档内容

一直以来，城建档案主要有两个来源：一是法律规定应当移交进馆的档案，主要包括城市建设过程中各单位形成的各类施工、竣工档案；二是面向社会征集的与城市建设和发展相关的档案。城建档案的征集是城建档案收集工作的重要组成部分，是各级城建档案馆生存和发展的重要基础，对于智慧城市建设规律的发掘、丰富城市的历史记忆和社会文化具有重要意义。在智慧城市建设背景下，城建档案工作面临着新的挑战和机遇。城建档案不再仅仅是纸质档案，而是大量以数据形式存在的档案。这些数据记录了城市规划、建设、管理的全过程，对于城市的发展和管理具有重要意义。同时，随着城市建设的不断发展，散存在社会上的城建档案也愈加丰富，这些档案对于城市历史和文化的研究具有重要价值。集成城建档案资源需要从以下两方面入手：

一是需要及时更新法定需要接收的城建档案的归档范围。城建档案不仅是智慧城市建设的真实反映，而且也是社会活动的真实记录，数据化浪潮从源头上对档案的形成方式进行了改变。原生环境数据化、形成方式数据化的档案形成生态正逐步形成，档案资源正在从模拟态、数字态向数据态"质变"。目前，我国《城市建设档案管理规定》《城市地下管线工程档案管理办法》等规范性文件中还未将新型城建档案纳入其中，因此需要及时更新大数据时代的归档范围与标准，以保证智慧城市建设下城建档案信息资源完整。

二是智慧城市建设将与各地的历史文化及社会文化相融合，实现"因地制宜"建设。所以，城建档案收集工作应注意收集代表本区域的特色档案，从而能够对城建档案资源进行丰富。

3. 构建城建档案归档移交平台

如今，许多工程建设单位开始将物联网、大数据等技术融合到传统施工环境中，努力打造"智慧工厂""智慧工地""智慧管线"。这些工程项目建设的周期相对较长，短则几年，长则十几年，在整个过程中产生的文件因建设单位档案管理人员的变动可能造成档案遗失，这就要求城建档案管理必须优化原有的收集方式，采用跟踪式、在线式的移交手段。城建档案归档移交平台能够实现文件从新建、录入、扫描、移交到归档全流程的自动化，功能涵盖文件在线批量上传、自动进行"四性"（真实性、完整性、可用性、安全性）检测，自动归档等。同时，通过统一的数据接口将档案形成单位与城建档案管理部门之间建立关联，实现城建档案从预形成到归档移交的全过程跟踪，不仅保证了城建档案收集的完整性，而且使得管理人员的负担大大减轻，使城建档案收集的效率得到了有效提升。

一般而言，城建档案归档移交流程主要分为形成单位内部的城建文件移交流程与城建档案馆内的归档流程。

根据城建文件的移交归档流程，平台主要分为城建文件在线移交系统与城建文件在线归档系统。其中城建档案在线移交系统主要有提供统一的数据接口功能、电子城建档案批量上传与浏览功能、"四性"检测功能、封装打包功能、移交登记表自动填写功能、添加数字签名和文件在线移交功能；城建档案在线归档系统主要包括城建档案"四性"检测功能、档案接收登记表自动填写功能、添加数字签名和归档入库功能。

城建档案在线移交系统的主要功能包含：①提供统一的数据接口功能。统一的数据接口是工程建设单位、工程建设项目系统、政府服务平台与档案收集管理系统相连接的前提。通过统一数据接口的建设，施工建设单位、政府审批部门与城建档案馆业务部门建立数据连接，可以使建设单位实时移交工程文件及元数据，提高城建档案移交的完整性与系统性，减少重复移交。②电子城建档案批量上传与浏览功能。城市建设工程时间长、专业性强，其形成的工程档案数量丰富且类型多样，因此系统应支持档案在线移交与脱机导入批量上传功能。同时针对工程档案专业性强的特点，支持在线浏览。除此之外，为解决三维模型构建中产生的城建档案数据移交问题，系统自动对模型进行简洁化处理，支持此类城建档案数据跨平台的在线阅览。③城建文件"四性"检测功能。依据《重大建设项目档案验收办法》、《建设工程文件归档规范》（GB/T50328—2019）、《建设电子文件与电子档案管理规范》（CJJ/T117—2017）、《建设工程档案数据采集标准》、《城市建设档案著录规范》（GB/T50323—2001）等现行标准规范检测电子城建档案的真实性、完整性、可用性和安全性，并结合各工程项目的特点根据工程类型智能选择归档范围与归档格式，辅助工程建设单位的城建档案高效归档。④城建文件封装打包功能。将通过检测的电子城建文件按照《基于 XML 的电子文件封装规范》要求构建封装包。构建封装包是保证电子文件凭证作用和实现电子文件永久存储的最佳方法。整理制作完毕的电子文件封装包不能随意修改，如确需修改的，在按照相应的程序进行审批、修改后，应对电子文件进行重新封装。⑤移交登记表自动填写功能。依据工程项目档案相关文件内容与提名，系统自动捕获文件题名、组织机构名称、文件数量并自动生成移交日期等具体内容。⑥添加数字签名和文件在线移交功能。根据《数据档案电子签名（章）应用标准》应用电子签名生物特征识别技术和区块链加密存证技术，保证电子城建档案的完整性与可靠性，不随意被他人篡改。同时，工程建设单位可以及时将通过检测的竣工档案在线移交，保证城建档案的完整性。

城建档案在线归档系统是为城建档案馆接收归档电子城建文件提供辅助服务，其主要功能包含：①城建档案"四性"检测功能。"四性"检测功能参考《电子档案移交与接收办法》，真实性检测时要根据《电子档案移交与接收办法》中的有关要求做元数据项（如全宗号、目录号、分类号）一致性检测。②档案接收登记表自动填写功能。要按照档案形成单位、形成年份、保管期限等内容自动生成档号并填入系统中。③添加数字签名和归档入库功能。此功能使城建档案管理机构可以提供在线指导与审批服务，检查形成单位的档案移交情况，及时督促已竣工验收项目完成档案归档移交工作。

（二）优化城建档案管理流程与管理方式

智慧城市建设过程中数据的集成与利用强调以人为本、统筹集约、注重实效，因此城建档案管理需要完善档案各环节管理过程，推进城建档案管理流程集成优化。

1.完善城建档案各环节管理流程

智慧城市建设使城建各领域的电子档案数据伴随业务活动的进行海量增加，加之管理技术的逐步成熟，城建档案管理流程不能仅仅是纸质档案管理流程的简单复制。大数据时代的城建档案管理模式由传统的手工整理模式转变为数据化管理模式，传统的城建档案管理模式依托纸质载体，而数据化的城建档案管理模式不受纸质载体的限制，其依托信息网络技术实现城建档案信息的传输整合。所以，这要求将前端控制、全生命周期管理的理念融入管理流程中，在此基础上城建档案数据的采集、处理、归档、利用各个环节都需要结合城建档案的新特征与管理新要求进行重新思考。

由于城建工程具有专业性、整体性、建设周期长等特点，所以城建档案管理要进行全程管理，实现城建文件在形成至销毁或永久保存的各个阶段的系统化管理。数据环境下城建档案管理人员的一些工作需要提前进行，从文件形成阶段就介入管理，在城建项目施工之前，城建档案管理部门要按照过去各建设领域文件形成特点制订包含业务数据采集、数据存储、数据处理等要素的管理方案，对城建档案数据形成、著录、迁移等环节提出要求；在项目建设过程中，引入数字化数据挖掘技术、云计算分析技术，及时鉴定、处理、挖掘施工过程中形成的实时数据，从而促进管理效率的提升；在项目竣工后，基于对城建档案数据的整理，通过对利用数据的可视化分析和数据挖掘，科学预测利用需求，从服务城市建设、促进人民生活便捷的角度满足社会多元化的利用需求。同时，要实现各管理环节的优化还需要在宏观管理政策、中观管理方法和微观管理技术等各层面进一步完善，从而提高城建档案全生命周期的管理效率与水平。

2. 推进城建档案管理流程集成优化

传统的城建档案管理模式主要以载体控制为中心，而现代城建档案管理趋向于以系统控制为中心，要推动城建档案管理转型升级，构建数据环境下城建档案集成管理的新模式不能单纯地依靠先进数据管理技术的引入，传统的城建档案管理流程已经不能适应现代城建档案管理的需求，因此需要按照档案形成环境与档案管理环境的新变化对城建档案管理流程进行集成优化与发展创新。

从城建档案管理的整体来看，数据环境下管理流程优化的核心主要集中于文档管理流程的集成优化层面，即文档管理一体化，包括文件与档案生成一体化、管理一体化、利用一体化。长期以来，我国对于文档管理都偏重依据文件运动的阶段性特点，将其划分为收集、整理、鉴定、保管、统计、利用等环节，然后根据管理环节进行"分工"管理。这种管理模式在一定时期内影响了我国的档案管理工作，但也在一定程度上破坏了文件运动的联系性和连续性。目前，数据环境下城建档案的管理以系统控制为中心，不再以流程分工为基础，传统的城建档案管理流程中各管理环节之间的界限逐渐模糊，整个管理流程中各管理环节会发生包括时间、内容、顺序等在内的多方位的变化，如档案鉴定、著录、归档等环节提前到电子文件形成阶段；通过系统预设档案目录、著录项、文档格式等将档案管理环节提前植入文件管理系统中；著录环节将延长且贯穿于电子文件从形成到利用的等整个生命周期。实施文档一体化管理首先就是强调文件与档案的全程管理，从全局出发，对文件从产生到长久保存或销毁整个生命过程中涉及所有管理活动和管理要素进行统筹与协调，对城建档案的管理流程进行顶层设计与战略规划，利用技术手段实现城建文件从形成、流转到归档为档案、永久保存或销毁并伴随着鉴定和著录（元数据实时捕获）全过程的协调与优化；其次，实行城建档案管理前端控制，就是将提前介入档案工作，通过加强文件管理与档案管理标准规范的一体化、提高文件管理与档案管理系统的兼容性等方面，从文件形成的一开始就进行规范化管理，减少后期档案管理各环节的重复工作，提高管理质量与效率。

（三）加强城建档案数据存储与安全建设

1. 加快城建档案安全法律法规和标准体系建设

由于信息技术的变革，我国较早颁布的法律法规对数据环境下城建档案信息安全保障的指导与规范作用逐渐弱化，国家档案行政机构应协同立法、司法等部门制定数据环境下涉及城建档案安全领域的相关法规与政策，以满足智慧城市建设对城建档案数据安全的要求。2021年9月1日起施行的《数据安全法》为我国数据安全和国家安全提供了法律基础。从档案数字资源的生命周期角度出发，《数据安全法》明确了档案数据的收集、管理、利用环节，为后续的标准制定、数据防护等指明了方向。该法律不仅适用于互联网行业，同样适用于城建档案数据的收集、保管以及城建档案数字资源的安全共享。城建档案馆可以以此为参考制定本行政地区内的数据安全规章制度，应对实践中存在的数据安全风险，为城建档案信息安全保驾护航。

在标准建设方面，城建档案资源的标准体系建设可以从通用标准体系和行业标准体系两方面着手。在通用标准体系建设上，国内外诸多安全标准化研究组织正在开展档案安全标准的制定工作，国家档案机构应该积极关注国际标准化组织之间的合作内容，积极借鉴国外信息安全标准建设经验，尽快为城建档案数字资源信息安全保障提供指导；在行业标准体系建设上，可以参考借鉴《档案信息化标准体系建设指南》（2020年）和《档案服务外包工作规范》（DA/T68.1—2020）等系列标准，开展城建档案数字资源的安全标准建设，做好城建档案数据安全保障工作。

2. 加强城建档案人员和设备安全管理

筑牢城建档案人员和设备安全管理体系可以加强城建档案信息系统的安全性，减少城建档案信息的安全隐患，提升档案长期存储的稳定性，对于智慧城市建设具有重要意义。因此，从数据生态系统理论中"数据人"和"大数据环境"的视角出发，应用新一代信息技术加强城建档案人员和设备安全管理。从人员安全管理的角度来看，首先，城建档案管理人员需要提高档案安全意识。管理人员必须认识到在智慧城市建设中，城建档案数据安全是城建档案有效利用与价值实现的"护城河"。虽然城建档案的共享、应用是助力智慧城市建设的动力，但如果一味追求城建档案的应用而忽视其安全与保护，效果可能会适得其反。另外，城建档案馆要加强档案数据安全文化建设，结合国际档案日举办"档案安全月"活动，创新档案安全培训方式，深化教育内容，进一步提升城建档案管理人员的安全意识。其次，城建档案管理系统要强化人员身份审核与安全认证。城建档案部门对于档案的接收分类、归档存储、检索利用都应建立完整的操作系统，在各个环节中都安排固定的人员进行操作，利用可信任的人员对档案数据进行存储、传输与备份，对于档案的调取、传输要进行审核以及身份认证，保证电子城建档案查阅与访问的安全性。人员身份审核与认证要通过完整的认证系统，根据不同管理人员的身份与职责为其划定权限，避免数据被盗取或恶意篡改。最后，对于不同类别的城建档案进行保密级别分类，保密信息的传输进行加密处理，对于需要调取查阅的用户进行身份鉴别。凡登陆城建档案管理系统与城建档案利用系统的用户均需进行身份识别，且识别的信息具有唯一性，在此基础上，只有身份审核与认证通过的合法用户才能调取查阅。

设备安全管理体系主要包括硬件设备安全和软件设备安全两方面。硬件管理安全中最主要的就是档案库房的安全建设。城建档案馆的建筑安全是档案存储安全的基本保证。首先，档案库房建设要严格满足《中华人民共和国档案法》和《档案馆建筑设计规范》所涉及的保管要求与档案建筑设计要求，确保城建档案馆的建设质量，增强城建档案馆应对各种自然灾害的能力；其次，城建档案馆应在档案存储区域内安装温湿度智能控制系统、监控设施、防盗报警系统、电子门禁系统、自动灭火器报警系统等设备；最后，对于常见的硬件设备要谨慎选购，如应选购技术处于较为成熟阶段的电子档案载体及其读取设备，加强城建档案存储硬件安全。

（四）加强城建档案管理主体队伍建设

人是支撑各项事业发展的基础与核心。人才集成不仅是要对具备不同知识储备的人才进行组织与协调，通过人员的优化组合组成最具管理效能的人才队伍，而且要形成具备协调性、创造性的组织文化。新时代，数据管理成为社会重要发展趋势，推动着城建档案管理事业的转型升级，要实现城建档案管理的创新与发展最重要的是需要一支强有力的管理主体队伍来组织与实施。大数据环境下，强化城建档案管理主体队伍建设，既要积极进行技术型人才引进与复合型人才培养，打造一支专业齐全、各有特长的管理人才队伍，又要强化管理人员档案意识培养与管理理念转变，加大现有管理人员的教育与培训，这样才能不断提高城建档案管理主体队伍的整体素质，实现人才的集成组织，推动城建档案管理事业向现代化、智能化方向发展迈进。

1. 积极进行技术型人才引进与复合型人才培养

由于城建档案管理具有明显专业性的特点，所以就要求管理人员主体具备比较全面的专业性知识，打造一支具备"一专多能"人才的专业城建档案管理主体队伍。

（1）大力引进技术型专业人才

打造城建档案管理队伍首先也是最基本的是引进高水平的档案专业人才，同时为适应档案现代化管理，需要及时引进精通计算机知识的专业人才。此外，针对城建档案所具备的地理空间属性，当前管理与开发城建档案迫切需要具备地理信息等相关专业知识的技术型专业人才。那么，如何保障人才能够"引的来"并且"留的住"呢？可以通过设置一系列的人才优惠政策，如提供职工宿舍、安排子女入学等福利政策来吸引相关技术型专业人才加入城建档案管理主体队伍。同时，建立完善的人才激励机制与人才使用机制，通过一系列人员的管理、考核、监督机制来作为晋升、奖励和选拔任用的主要依据，为专业技术人才提供良好的提升与发展环境。

（2）大力进行复合型人才培养

数据环境下城建档案的管理要求管理人员不仅具备较强的专业技能，而且还得具备包括计算机应用、数据处理、档案管理及服务平台的运营与管理等在内的较为全面的综合知识。只有不断丰富管理人员的知识储备，提高管理主体的综合能力素质，才能充分将人的管理经验与档案管理技术集成应用于城建档案数据管理活动中，实现"数据人"在数据环境下对档案数据更好地管理，从而提升整个城建档案管理系统效能。培养复合型人才要强化管理人员的再教育与再培训，在不断强化其自身专业技能的基础上，加强城建档案管理业务知识培训，建立人才互相学习交流机制。通过举办小讲堂、邀请相关专家讲座汇报等形式，管理人员轮流向本单位其他人员普及专业知识，分享经验成果，形成学习型组织，通过互相学习共同提升综合素质。

2. 强化管理人员档案意识培养与推动管理理念转变

思想是行动的先导。除了在建立起一支业务知识面广、专业化程度高的高水平城建档案管理人才队伍的基础上实现管理人才的集成组织，还要不断强化管理人员的档案意识培养与管理理念转变，实现管理思想的集成与协调，从而更好地指导城建档案管理的创新与发展。

（1）加强管理人员的档案意识培养

档案意识不足的问题集中体现于城建档案归档前各业务经办单位的档案员、资料员、业务员等档案管理人员之中，城建档案管理机构要充分履行指导与监督职能，通过定期举办档案管理培训等方式为其宣传档案法律法规，普及档案管理知识，讲解城建档案管理相关标准规范，使其意识到城建档案工作的重要性，掌握档案管理的基本知识与经验技巧，提升其档案意识。同时，通过举办城建档案管理技能大赛、评选城建档案管理优秀人员等形式激发档案管理人员的工作积极性，增强档案管理人员的职业认同与自豪感，促使其以极大的热情与极强的档案管理责任意识投身城建档案管理工作中去。

（2）推动管理人员的管理理念转变

大数据时代，数据成为重要的生产要素，数据管理成为推动社会发展的重要动力。数据环境下，海量的数据伴随城市建设活动产生，这就要求城建档案管理主体转变传统的管理理念，培养以数据管理和集成管理为核心的城建档案管理思维，即要以其为核心指导城建档案数据管理流程的集成优化，集成运用先进数据管理技术对城建档案数据进行全过程管理，从而充分发挥城建档案的数据价值。同时，为适应城建档案服务模式的转变，管理人员也应摒弃过去"等客上门"的被动服务理念，树立"以用户为中心"的主动服务理念，将用户需求作为业务流程再造与档案管理转型的依据，从而提升用户档案利用体验度。

（五）提升城建档案协同服务与供给服务能力

国家档案局《"十四五"全国档案事业发展规划》中将"档案利用服务达到新水平"作为发展目标之一，要求提升档案利用服务能力，简化档案利用程序，深入挖掘档案资源，满足各级党委和政府的利用需求。城建档案为城市建设与管理服务是城建档案实现价值的最终归宿。智慧城市建设迫切要求城建档案管理部门提高城建档案利用服务水平，及时精准为各级党委和政府以及社会各界做出决策提供有效参考。

1. 提高城建档案跨区域协同服务能力

随着智慧城市建设的逐渐深入，社会对城建档案跨区域协同服务的需求更加迫切。城建档案馆应提高跨区域协同服务能力，下好"一盘棋"，在合作的基础上打破数据壁垒，使城建档案数据资源互联互通，既满足社会多元利用需求，也顺应智慧城市建设的发展趋势。

第一，城建档案资源开放共享、建设资源共享服务平台是实现城建档案协同服务的基础。从构建国家层面的城建档案资源共享平台的功能要求来看，一方面应提升城建档案检索系统的科学性和便捷性，同时满足一般用户与专业人员的检索需求；另一方面要丰富资源共享平台的利用形式，不断提升平台质量。

第二，完善制度体系是实现城建档案跨区域协同服务的有力保障。通过建立可靠的利益协调机制，界定各单位在协同服务过程中的权利和义务，有助于明确各方的责任，避免因权责不清而产生冲突；区域城建档案馆可以通过定期召开区域间合作交流会的方式建立良好的沟通合作机制，增进了解，巩固协作关系。

2. 创新以用户需求为中心的移动化服务方式

在智慧城市建设的背景下，信息技术在社会生活领域的应用不断深入使城建档案资源的用户群体、资源形式和服务策略在发生着根本性的变化。目前，各个领域的公众都对城建档案馆中的档案有一定的利用需求，利用这些档案的不再仅是研究和技术人员网络用户占了大多数。同时，城建档案的信息资源不再仅以纸质的形式呈现，更多的是以电子化和数字化的方式进行储存，服务策略也从"重藏轻用""以我为主"的被动服务转向主动、多样、全面的服务。因此，城建档案信息服务在智慧城市建设背景下要以用户需求为中心，创新移动化服务方式，满足人民群众的利用需求。

一是城建档案管理部门可以通过开发手机 App 软件主动推送档案信息。App 主要是指安装在智能手机上的应用软件。在目前使用手机人数迅猛增加的环境下，相对于档案网站来说，档案 App 的优点众多。第一，手机与平板相较于电脑来说更便携，并且由于移动网络快速发展，利用智能手机查询信息成为用户获取信息的主要方式；第二，App 的研发时间短、试运行成本低，能够为城建档案馆节约投入资金；第三，App 可以通过与利用者的互动获取用户的反馈信息，及时优化城建档案信息服务。

二是利用微信、微博等社交媒体主动推送城建档案信息，提高服务能力。当下主流社交媒体中以微信最具有代表力，其用户数量已达 10 亿以上人次，微信公众号具有随时提供信息与服务、一对多传播、信息到达率高、传播形式多样、互动便利等多种优势。城建档案管理部门可以通过建立自身的微信公众号来传播档案信息、提供自主查询功能，这样既能促进城建档案馆更有效地把握利用者的利用需求，也可以不断提高查询效率，为用户提供更优质的信息服务。

（六）完善城建档案管理政策法规与体制机制

档案管理法律规范是城建档案管理遵循的最基本原则，管理体制机制是支撑城建档案管理的骨骼与框架。标准和规范集成首先是对以城建档案管理为对象的相关规章、制度、标准、规范等进行协调与控制，实现整个政策法规体系的协调优化，继而通过法律与制度建设促进管理体制机制的系统优化。只有不断完善城建档案管理政策法规和城建档案管理体制机制，才能保障在新的社会环境下城建档案管理事业顺利开展，不断创新管理模式，永葆生机。

1. 推进政策法规更新完善与标准规范集成优化

习近平总书记对档案工作发展做出了"三个走向"的重要批示，即走向依法治理、走向开放、走向现代化。要推动城建档案管理走向依法治理，前提是城建档案工作有法可依，具有规范完善的城建档案管理法规与标准规范体系予以保障。

一方面，要推动城建档案管理行政法规制定。由国家档案局牵头联合其他相关部委通过梳理当前城建档案事业发展问题，及时拟定关于城建档案管理的行政法规，报请国务院审批，从而在国家层面统筹城建档案相关标准规范。同时，要基于城建档案管理现状与社会发展趋势，及时更新并修订相关规章与办法，保障城建档案相关法律文件的指导性与时效性，避免因修订滞后束缚城建档案管理实践活动的创新与发展。

另一方面，要推进城建档案管理相关标准规范的集成优化。首先就是对现有的城建档案相关标准规范进行梳理与分析，然后针对尚无标准规范或标准覆盖不全面的领域依据城建档案管理的现实需要，结合档案管理、城市规划、建筑建造、信息技术等相关领域的标准规范制定适合城建档案管理的标准规范，建立起一套国家统一、国际兼容的高质量城建档案管理标准规范体系，避免因标准规范的不一致甚至相互矛盾造成城建档案"数据孤岛"问题的产生。与此同时还要根据各地自身城建档案管理情况，因地制宜地制定补充城建档案管理标准规范及实施细则，丰富与完善城建档案管理标准规范体系，从而为全国城建档案数据的集成管理与共建共享创造良好的法律环境。

2. 因地制宜制定管理制度，协同合作完善管理体制

在建立相对完善的城建档案政策法规与标准规范体系的基础上，仍要通过建立符合自身特点的管理制度，完善城建档案管理体制，来为城建档案事业发展创造良好的法律与制度环境。

一方面，要因地制宜地制定管理制度，规范城建档案管理行为。现有的相关城建档案管理规章、办法是从全局出发，在基于城建档案管理的普遍性情况做出的较为宏观与笼统的档案管理规范，虽然具有统摄指导与普遍适用的作用，但难

以对各地城建档案管理的特殊性情况给予针对性规范。所以，各地地方政府与地方城建档案管理部门应在遵循国家城建档案管理部门规章与标准规范的基础上，结合地方特色与实际情况因地制宜地制定相应的管理制度与实施细则，对具体的城建档案管理现状与问题进行规范与指导，从而更加有针对性地规范与引领城建档案管理事业发展。

另一方面，要协同合作完善管理体制，打破档案管理桎梏。首先，应从国家层面进行顶层设计，厘清各部门机构对于城建档案管理事业的职责，合理界定各部门涉及的城建档案管理事权、职责、利益。其次，由国家档案行政管理部门牵头，联合住房和城乡建设部、自然资源与规划部等相关部委，统一进行城建档案管理事业发展的统筹规划，以问题为导向，梳理当前存在的档案管理体制机制问题，通过制定政策法规建设加以纾解与协调，从而形成各城建档案管理相关部门齐抓共管的协同治理格局。

第六章　现代城建档案管理
数字化建设与应用

数字赋能时代背景下，如何采取合理有效的措施提高现代城建档案管理数字化水平，最大限度地发挥城建档案的作用是现阶段城建档案工作者需要重点考虑的问题。本章则围绕城建档案管理数字化建设的重要性、城建档案管理数字化建设面临的难题、城建档案管理数字化建设的基本策略、数字化技术在不动产档案管理中的应用等内容进行研究。

第一节　城建档案管理数字化建设的重要性

一、有利于节约经费支出

随着城市规模的持续扩大，需要进馆保存的城建档案资料数量也日益庞大，这在很大程度上增加了库房空间的压力，纸质档案需根据防盗、防光、防高温、防火、防潮、防尘、防鼠、防虫的"八防"要求进行保管和保护，日益增长的馆藏量在很大程度上增加了人工管理的耗费。数字化城建档案一般存储在网络信息系统、光盘、硬盘等载体上，占用空间小，存储容量大，使档案管理维护成本得到了极大程度的降低。

除此之外，档案数字化建设还可以有效节约纸张及复印成本。现阶段城建档案馆一般是以原件复印加盖公章的方式对外提供利用服务，这在一定程度上增加了额外的成本，特别是图纸类档案利用一般打印成本较高，维护成本较为昂贵。在对城建档案进行数字化管理后，可以通过向档案利用者直接提供电子档案的方式，有效减少因打印复印城建档案特别是图纸类资料时产生的支出。

二、有利于提升城建档案管理效率

当今社会发展进程中，数字化起到绝对性的主导优势，不仅会改变人们日常的生产生活，而且会影响整体社会的发展。通过城建档案管理数字化建设，城建档案可以实现长久管理，并能在一定程度上稳步提升档案管理部门的管理效率。过去的城建档案大多是以纸质材料进行整理归档，不仅不利于管理，而且很难进行保存，这主要是由于纸质材料具有一定的脆弱性，很容易导致城建档案在长时间的空气暴露中受到腐蚀，造成纸质酸化，从而导致城建档案内容出现缺失。同时，纸质城建档案也很难进行有效管理，容易受到外界事物的影响，如火灾、频繁借阅、迁移过程当中造成档案丢失或者出现泄露，这也是过去城建档案管理当中的可能存在的问题。通过城建档案管理数字化建设的实施，可以充分利用信息技术的特点将纸质信息转移到智能设备或者网络平台当中，并用现代化的数字设备对城建档案加以扫描，自动归纳到数字城建档案库当中，并基于此展开管理，可以在一定程度上促进城建档案管理效率的有效提升。

三、有利于提升城建档案利用效率

在过去传统的城建档案管理中，主要是将城建档案集中保管储存在档案管理室中，然而在城市的建设过程当中通常会涉及较长时间和多项因素，导致城建档案数量有所增多，很难在档案管理室众多的城建档案当中选择所需要的内容。这不仅需要大量的时间去进行查阅，而且不利于档案的管理，易导致城建档案内容发生破损，甚至出现丢失。

城建档案管理数字化建设的实施可以让用户利用网络技术在数字化的城建档案管理库中通过搜索关键词来选择所需要的城建档案内容，打破了原有的时间、地点限制，使用后可以不限时间、不限地点地对城建档案内容进行阅读，不仅有利于城建档案的管理，而且有利于城建档案利用效率的提高。

四、有利于实现城建档案资源共享

信息技术的迅猛发展构建了专业的城建档案管理平台，创新了城建档案管理工作的方法，城建档案数字化技术可以满足城建档案的共享利用需要。数字化技术是城建档案智能化管理的基础，更好地满足了用户跨区域实时检索城建档案的需要。城建档案作为一种社会资源，人们对其的需求也更多元，城建档案数字化可以更好地满足不同用户对数据、图片和视频档案的使用需要，方便了人们沟通学习，进一步造福了社会，推动了城市建设。未来还可以将数字化城建档案传递到云端系统，按照国家相关规范对数字化城建档案分类，组成云端城建档案数据库，方便人们随时查阅档案信息，或者通过大数据技术、移动通信技术共享城建档案，提高城建档案管理效能。

第二节　城建档案管理数字化建设面临的难题

一、资金投入不充足

城建档案管理在数字化建设中存在问题不利于档案管理水平的提高。其中，由于资金投入不充足，档案管理的需求很难被满足。

第一，随着企业经营范围的不断扩大，档案管理难度系数也逐步提高，所以需要借助数字技术手段辅助作业，以此来满足资料存储等现实需求。但事实上，档案管理数字化建设存在前期资金投入不到位，资金支持力度不够，而导致档案管理数字化建设速度缓慢，难以发挥数字化建设价值的问题，在一定程度上阻碍了城建档案管理现代化的发展。

第二，由于资金投入不足，也会引发其他问题，如计算机服务器等硬件设备不能及时维修和更新，不仅会影响城建档案管理水平，而且不利于将数字化建设工作落到实处，久而久之，会为后续档案管理工作造成影响。

二、城建档案资源利用率低

城建档案管理数字化建设的目的是提高资源使用效率，然而实际管理上通常会受到种种因素的影响，导致档案资源使用效率低下，这在很大程度上是不利于现代城市的建设发展的。档案管理与城市建设息息相关，管理人员还需要制订相应的方案，推动数字化建设的顺利开展。然而，由于相应的信息资料共享平台不够完善，不仅不能使工作人员或客户获取数据资源的需求得到满足，而且还会使整个档案管理水平大为降低，导致城建档案管理工作无法进行有序开展，间接影响了档案资源的使用效率。除此之外，在数字化建设过程中，管理人员并没有对这些问题予以重视，很难实现提高服务质量的目的，甚至会因资源使用效率不高而导致出现其他问题。

三、城建档案信息化建设不足

①档案数据库的系统较为陈旧,使用中在诸多方面的设计与如今的需求脱节,且系统维护的间隔较大,版本更迭较慢,严重影响使用该系统利用数字化档案的效率,也打击了档案专技人员使用该系统的积极性。因此需要建立更为通畅的使用反馈机制,并由此提升城建档案馆信息处对该系统存在问题的重视程度,以寻求尽快改善系统使用环境的可能。

②数字化档案缺少电子目录,导致数字化档案利用效率不高,一定程度上阻碍了数字化档案的普及和利用率。该问题是伴随数据库系统而产生的,因为数据库使用效率较低,所以工作人员更愿意在无卷内目录的电子档案中"试错性"查找。考虑上一个问题,工作人员在反馈数据库系统问题的时候,应该一同建议附加一个电子目录导出的接口,以增加档案查询利用的手段,提高档案查询利用的效率。

③文书档案在线归档系统中"四性"检查系统没有实装,无法发挥其在档案整理、归档中的关键性作用,增加了档案归档过程中人工复核的工作强度,极大地降低了系统的效率。档案的"四性",即真实性、可靠性、完整性、可用性,是一个档案使用的基础,是每一个档案专技人员在档案归档前必须验证的内容,档案归档的工作机械且重复,极大地占用时间成本。由于文书档案在线归档系统尚处于较为初期的使用版本,因此希望通过及时反馈相关信息至区档案局业务指导科,期待尽快实装该检测模块,或者先给出一个简易的替代方案,改善人工复核的现状。

④档案馆的数据信息缺乏异地保存,无法对档案数据的安全形成机制性的保障。造成这一困扰的原因是由于城建档案馆的规模和组织构成不完善,企业级的数据异地保存很难实现。或许需要变通一下思路,寻找可替代的方案。

四、城建档案数字化风险频发

档案数字化风险频发是城建档案数字化管理过程中必须正视的问题,也是亟须解决的问题。档案数字化的不断推进虽然在一定程度上能够有效减轻工作人员的工作压力和负担,提高工作效率和质量,但是在数字化管理过程中还存在很多安全隐患,一旦发生,势必会给城建档案管理带来严重损失,甚至会造成难以挽回的局面。数字化风险频发的原因主要有以下两个方面:

一方面,部分地区对档案数字化管理缺乏安全风险管控意识,只意识到数字化建设带来的利好条件，而忽视了数字化建设过程中可能存在的安全隐患，风险应对意识不强。

另一方面，数字安全管理专业人才的匮乏也是影响档案数字化管理安全的重要原因。在档案数字化建设过程中可能会遇到很多安全问题，这就要求专业工作人员必须及时对系统进行有效更新，采用防火墙等多种措施保障档案数字化管理系统的安全性，但部分地区缺乏相关的专业人才，从而无法及时对档案数字化管理系统进行有效检测，也就不能对安全风险进行及时有效的预防和规避，这在一定程度上影响了城建档案数字化管理能力和水平。

五、数字化建设设备设施落后

城建档案管理数字化建设是以网络技术为核心，数字化设备设施为基础展开的数字化城建档案管理。可是在当前的城建档案管理数字化建设过程当中缺乏先进的数字化建设设施，从而造成了数字化建设落后。首先，需要加大资金的投入力度，购置先进的数字化设备设施以及相应的辅助设施；其次，需要强化网络安全，以此来确保城建档案管理信息不会产生丢失以及泄露问题。但是，纵观当前整体的城建档案管理数字化建设，不仅网络安全不能得到很好保障，就连基础的数字化设备设施也存在落后和缺失现象，而且管理人员缺乏掌握信息技术的能力，也导致城建档案管理数字化水平较低，很难推动城建档案管理数字化建设。

六、制度建设及落实不完善

制度建设是顺利进行城建档案管理的重要保障，相比于传统的城建档案管理模式，城建档案管理数字化在管理形式和管理方法上都具有很大的不同，所以十分有必要制定和执行城建档案数字化相关的管理制度。但是，在城建档案管理数字化实践的过程中经常会出现"重业务轻管理"的现象，数字化相关制度或制定不全或流于形式，城建档案管理部门更愿意在具体的数字化加工及成果产出上面投入更多的精力，而不够重视数字化建设的具体制度、标准规范和实施细则的建设和宣贯。这就导致数字化加工人员不了解相关的制度、标准和规范，也不够明确自身的岗位职责。制度建设的匮乏及执行不畅导致档案数字化建设过程中存在很多漏洞，不利于后续的数字化管理工作。

数字化城建档案的利用缺乏立法的顶层设计支撑。要实现数字化档案的利用，必须确立数字化档案的有效性，明确数字化档案的利用方法、利用格式，明确数字化档案的利用范围，厘清何种类别的数字化档案可由什么类型的档案服务对象查询利用，明确进一步复制和传播数字化档案所带来的后果和责任，建立在线审核规范以确认档案服务对象的利用资质，明确应当建立和使用什么城建档案数字化利用平台等问题。这其中部分是在国家立法层面，部分是在地方的立法、立规层面，但现实情况基本只满足了数字化档案的有效性这一点，基本确立了数字化档案的凭证记录作用等同于纸质档案，而其他的细则基本没有涉及，具体如下：

《中华人民共和国档案法》（2020年修订版）的第五章档案信息化建设中的第三十七条指出，"电子档案与传统载体档案具有同等效力，可以以电子形式作为凭证使用。电子档案管理办法由国家档案主管部门会同有关部门制定"。该条款确立了数字化档案保存的合法性以及数字化档案具有和其他档案一样的凭证、记录作用。但是，整个关于档案信息化建设的第五章中却没有明确数字化档案的利用有何要求，以及该如何保证档案利用的合法性。

在没有明确的立法规范之前，数字化档案的利用存在诸多合规性的瑕疵，可能在利用过程中损害一部分组织机构、个人的利益。在获得立法支撑前，数字化档案的利用或许只能停留在相关机构之内、系统之内，而无法开展面向更多服务人员的普适性的档案服务。这在一定程度上阻碍了档案重视使用理念的形成，毕竟可以看到数字化档案才是将来档案利用的主力军，而纸质档案的脆弱和凭证作用的特点则更适合充当数字化档案的原始记录。

第三节　城建档案管理数字化建设的基本策略

一、推动数字化均衡发展

档案管理人员应当综合考虑档案管理工作的实际情况，确保城建档案数字化的均衡发展。例如，完善城建档案数字化管理工作制度，以制度约束的方式来渗透最新的数字化技术理念；强化绩效考核工作，定期开展数字化作业技术培训，积极开展思想教育等，大力宣传和普及城建档案数字化理念。未来还要通过必要的制度标准修订来保证城建档案数字化的完整性与可靠性，并对城建档案数字化平台加以技术说明，为后续的数字化工作提供参考依据。

二、加强数字化建设资金投入

为了促进城建档案管理数字化建设工作的顺利开展，还需要加强数字化建设资金的投入。只有保证资金的充足，才可以促进服务质量的提升。

首先，应了解数字化建设关乎档案管理工作能否顺利开展，所以政府部门应发挥职能作用，加大在数字化建设上的资金投入。例如，可以通过给予资金拨款支持，不仅保障档案管理工作的有序开展，而且可以为后续管理工作奠定基础。

其次，要积极与政府部门互动交流，这也是促进档案管理工作有序开展的关键，当然也要寻找其他途径来获取更多的资金，这样才可以为数字化建设提供资金支持，提高综合服务水平和质量，进而为后期城建档案管理工作发展提供有力保障。

最后，政府部门也要将眼光放长远，不仅要注重资金投入，而且要完善服务形式，避免问题的出现，利用数字技术手段保障档案数字化建设工作的顺利进行。

三、完善档案数字化管理机制

首先，相关部门应出台相关的法律法规，积极推动城建档案数字化建设。如今，我国对档案管理相关工作制定了详细的法律法规，然而由于城建档案管理具有特殊性，所以相关部门应当结合我国城建档案管理现状，出台与城建档案管理相关的法律法规，有效提升城建档案管理效果和质量，推动城建档案数字化建设的可持续发展。

其次，各地区也应按照出台的相关法律法规，与实际情况相结合，出台更具针对性的规章制度，促进当地城建档案数字化建设的进一步发展。在对相关政策进行制定时，要突出"以人为本"的理念，站在人民群众的角度上，真正做到为民服务，立足实际情况，增强规章制度的落地性和可操作性。

再次，应当对管理体系进行完善，制定数字化管理标准。按照城建档案数字化建设的具体工作内容、工作流程制定相应的规章制度，确保规章制度可以更好地对工作人员的工作行为进行规范，提高工作的科学性与合理性；还要建立健全责任制度，将城建档案数字化建设过程中所涉及的各岗位和各部门纳入责任体系，按照实际情况做好责任分工，做到权责分明，避免出现推诿扯皮现象。

最后，还应完善经费保障制度和技术保障制度等相关细则，确保管理制度的严谨性和科学性，更好地提高档案管理的数字化水平。

四、提升数字化技术的应用能力

随着信息技术的迅猛发展，城建档案管理部门应保持敏锐的观察能力，及时发现具有时代特征的技术。大力学习信息化技术，提升对信息化设备的应用能力，推动传统的档案管理模式向信息化管理方式转变，提升城建档案管理的实际应用效果。

另外，应用信息化技术建立档案数据库，推动实现各部门之间的资源共享，减轻档案管理部门信息传递工作带来的负担，提升信息传递效率。网络与硬件维护、软件开发、档案处理、信息资源规范化建设、档案信息化管理系统操作等各个环节都需要专业化的档案管理人才，因此当务之急是打造复合型的人才队伍。在人才培养中可以坚持分类培养的原则，明确研究型、管理型与操作型人才缺一不可，而且要引导他们密切沟通配合，为档案信息化建设贡献力量。

在城建档案管理工作中，借助数字化技术构建的管理模式，可以采用联合管理模式，将"集中与分散"的管理方式有效结合、灵活运用。具体管理模式划分成三部分，即普通用户、档案管理部门、文件生成机构。档案馆数据库是保存归档电子文件的载体，相当于信息集成中心，存储着所有档案资源。档案馆对数据库具有高度控制权，具有归档、检索、查阅、销毁的权利。而文件生成机构的归档电子文件分为电子文件、元数据。围绕电子档案开展的一系列工作都需要计算机系统提供支持，才可以在通信设备、移动设备上传输。所以，电子文件不仅需要数字设备，而且需要配套的数字环境，让归档电子文件时既可以保存文件本身，也可以保存背景信息元数据。文件生成机构开展的电子文件归档工作本质上进行的是逻辑归档工作，规范化归档不仅对电子文件管理进行了规范，而且也使电子文件的可信性和真实性得到了提高。例如，工作人员有查阅档案的需求，可以通过两种方式来获取目标档案资源：一种方式是管理人员直接提出获取档案资源的请求，在请求中标记清楚所需查阅的档案资源，档案管理部门接到请求后，由管理人员完成档案数据库的检索、目标档案数据的发送工作；另一种方式是普通用户提出借阅档案信息资源的请求，请求会直接传达至文件生成机构。

为了配合数字化的新型档案管理模式，应从城建电子档案的收集、入库、整理、发布、归档、查询、借阅、销毁等方面进行全过程控制和管理，实现档案信息管理传输的自动化及档案资料一体化、标准化、规范化和共享化。这就需要城建档案管理部门从以下三个方面构建模式体系：一是要构建权限体系。让档案管理机构享有对档案数据的绝对控制权，让归档的电子档案更具安全性、真实性；二是要构建标准化体系。制订更加完善的档案接收和归档标准，编制电子文件著录项标准，规范电子文件长期储存的格式，对文本类、图片类、音频类、视频文件采用不同的管理办法；三是要构建安全体系。着重增强系统安全保障建设，提供制度规范化的保障，提升档案管理内容的完整性、真实性。

五、做好全面规划，提升信息安全

城建档案专业性强、利用性高的特点决定了其在开展数字化建设过程中可能会存在各种各样的风险，这就需要城建档案部门在数字化建设前期做好统筹规划，对整个阶段进行合理安排，预演数字化建设过程中可能出现的问题，并探索出有效的解决方法。

（一）试点并逐步推广电子签章

新形势下，电子签章、电子合同在政务服务、组织管理等各项工作中的应用价值逐渐凸显。2019 年 4 月，《国务院关于在线政务服务的若干规定》（国务院第 716 号令）第八条明确规定："政务服务中使用的符合《中华人民共和国电子签名法》规定条件的可靠的电子签名，与手写签名或者盖章具有同等法律效力。"城建档案管理部门应积极转变工作思路，以"最多跑一次"改革为导向，依托市建设项目全过程智慧建设系统，积极谋划建设工程竣工档案全过程在线接收系统，大力推广电子签章、电子签名批量应用，提升城建档案创新服务水平。

（二）采用高性能存储载体

配置稳定性强、使用寿命长的刻录光盘和硬盘存储城建档案电子数据，在线保管电子城建档案的机房应严格落实防火、防盗、防潮、防鼠、防高温等一系列安全保护措施。

（三）构建网络安全体系

要设置不同的访问权限，记录档案查阅人的操作日志，做好留痕管理，要加强防火墙建设，避免非法入侵导致的破坏和干扰。另外，要及时做好数据备份，采用刻录光盘或硬盘进行备份保存，条件允许的话可进行异地保存备份数据，防范地震、洪涝等不可抗力因素导致的毁灭性损失。

（四）加强对外包公司人员的沟通和监督

在招标时要选择资质高、口碑好、行业经验丰富的外包公司承接项目，并在项目开展前期做好数字化加工制度和流程规范的宣贯，采取有效的考核激励机制，提高外包人员的责任意识和专业能力。整合具体数字化加工过程中出现的问题，研讨总结出解决办法，按时按质推进城建档案数字化建设工作。

六、建立城建档案信息管理系统平台

城建档案数字化建设项目的另一个重要任务就是开发一套符合自身业务流程与城建档案管理的系统平台。作为城建档案馆统一的档案采集、管理、查询、统计分析及展现的平台，应主要实现以下功能：

（一）统一并规范电子档案上传入口

城建档案信息管理的平台系统需要支持影像拍照、二维码扫描、版式电子数据文件等技术，进而实现对不同物理介质和不同类型文件的档案进行电子化和标准化的封装处理工作。将上传入口进行规范统一后，能够对电子档案进行统一格式的存储，确保电子档案不可篡改和可追溯。

（二）统一管理数字化电子档案

在城建档案数据库或者云存储空间内设置好查询、下载、查阅、打印等权限，按设置分配权限，按权限可以实现电子档案的各种操作。同时，根据文件生命周期理论，要将档案的登记、归档、整理以及转移、鉴定销毁、查阅、备份恢复等环节贯穿整个档案的生命周期，每个环节要留痕，实现操作记录可追溯。

（三）支持新的业务加载

城建档案管理平台系统要实现新业务加载功能，方便所有操作人员在同一个平台系统中实现对不同类别档案进行管理，如不同角色的人可以对档案进行添加、修改以及筛查等。

七、健全法治体系，规范数字化建设

为了保障档案数字化建设的规范化发展，就需要制定统一、完善的标准体系，为数字化建设工作提供一定的专业指导，从而推动档案数字化建设工作的顺利进行。为了制定一定的建设标准，可以在依据国家住房和城乡建设部颁布的相关准则的情况下，结合本地区档案管理工作的实际开展情况和数字技术发展情况，商议制定可以切实推动本地区城建档案数字化建设工作的标准，保障档案数字化建设工作合理有序地开展。地方政府也可以给予适当的帮助，通过打造交流平台，加强各地区相关部门的交流学习，从整体上推动档案数字化建设的工作进程。

第四节　数字化技术在不动产档案管理中的应用

　　档案管理在不动产产业发展中占据重要地位，不动产档案是城建档案的重要组成部分，在解决不动产争议纠纷中至关重要，是有效保护个人、集体和国家房屋所有权益的重要方面。档案管理是不动产部门的一项关键核心工作，为更好地促进城建档案管理工作的开展，完善不动产档案管理工作势在必行。不动产档案管理的现代化进程也是推进区域经济发展、服务市场经济、满足社会需求、提高群众满意度和提升服务质量的重要途径和关键步骤，是不动产行业能够健康、可持续、科学发展的决定性因素，在此以不动产档案管理为例展开论述数字化技术的应用。

一、数字化技术概述

（一）数字化技术的定义

　　数字化技术是一项与电子计算机技术相伴而生的应用性技术，是指借助模拟数字转换器等设备将各种信息，包括图片、文字、声音、影像等，转换为电子计算机可以识别的二进制数字"0"和"1"后进行运算、加工、存储、传送、传播、还原的技术。由于在运算、存储等环节中需要借助电子计算机等数码设备，因此也被称为数码技术、计算机数字技术。

　　数字化的内涵是十分丰富的，根据数字化涵盖的范围大小不同，其概念可以分为狭义数字化和广义数字化。狭义数字化是指在具体业务的执行过程中，利用数字化技术，对特定的场景进行改造，以解决效率低下、成本浪费的问题。广义数字化则是指运用数字化技术，对各类业务整体的运行模式、执行方式进行全方位、立体化的升级改造，使整个体系从本质上得到提升，从而形成长期的竞争优势。

1. 狭义的数字化

狭义的数字化是很多企业在转型升级过程中产生的概念，由于资金和技术的限制，大多数企业在向数字化转型的过程中无法覆盖整体业务，只在核心模块或者部分主营业务中运用数字化技术，这种实现数字化的方式便称为狭义的数字化。在这一概念里，企业常常运用某一项或某几项技术，对内部的业务信息、数据、知识进行处理、分析，其主要目的都是减少生产经营成本，提高生产制造的效率，增长企业经营利润。这些被运用于升级改造的数字化技术大多是已有的、经过多次试验的，企业可以直接利用。

2. 广义的数字化

广义的数字化关注的是数字化技术对整个体系的赋能，既包括生产，也包括产前准备、产品销售、经营管理等各个方面，其目的是通过对社会中某一类技术进行创新突破，为一个行业甚至整体社会带来飞跃性的提升。广义的数字化不单单解决了企业生产效率的问题，而且让各个行业主体的战略、经营、生产、管理等系统层面迎来系统性的、全面的变革突破，成为引领行业发展的核心动力。

（二）数字化技术的分类

1. 大数据技术

从 2013 年开始，人类产生的数据信息越来越多，同时也进入了数据资源产量高、共享发展、应用开发的时代，所以，大众媒体将这一年简称为大数据元年。大数据带给社会的价值正如大海冰山一样，只需露出一角，便能够知道其底下蕴藏着无限的价值。

学术界普遍认为大数据本身是海量数据的整合，也是无法用常规软件管理、处理的一种数据集合体，它是一种要借用新兴的处理模式方可提高决策能力、洞察能力的高质量和多元化的无形资产。所以，互联网时代，大数据的重要性已经十分明显，它是一种获取资源的重要方式，它还是在其他领域里面控制其他资源的方式，这在很大程度上可以推进人类社会的向前发展。

大数据具有四个特点，即体量大、速度快、种类多、价值密度低。

①体量大。体量大是大数据最为本质的特点，现有的常规软件无法测量出其大小。从有关的数据分析得知，每天百度新首页导航要为用户提供 1.5 PB（1 PB=1024 TB）以上的信息，倘若将这些数据都用纸张打印，则会花费 5000 亿张 A4 纸。

②速度快。大数据背景下，数据处理具有秒出的特点，因为只有这样才能够在大量的数据中得到有用信息，所以大数据要实现自身的价值，就要高速获取，满足用户需要。数据处理和云计算、分布式技术密切相关，这些都是用秒来计算处理数据信息花费的时间，倘若超过一秒，数据将不具有应有的效用。

③种类多。信息化时代，社会成员既是数据的生产者，又是数据的传播者，社会中的各类信息都是利用大数据来进行传播的，那么，这便产生了大数据的多样化特征，这里面既有多渠道的数据，也有样式丰富的数据。

④价值密度低。数据信息的海量化则会使得单位数据信息的价值减小，如街头监控是目前公安系统进行侦探案情的技术手段，但监控摄像头是全天候运行，它所产生的视频数量是相当大的，然而与案情有作用的可能只有那短短几分钟。所以，要将大数据的效用完全发挥出来，传统的数据处理方式已经落后，政府和企业亟待解决的首要问题是如何高效率挖掘出大数据背后的隐性价值。

在企业当中，对数据进行汇总、分析、应用的处理流程形成了大数据的整体架构，主要包括四个环节：一是将软件应用中产生的数据同步到系统的数据挖掘环节；二是为了便于以后使用，将大量数据保存的数据存储环节；三是对原始数据进行过滤降噪、整合转换的数据处理环节；四是将处理完的数据生成各种表格、素材的数据可视化环节。

由于传统的 Excel 等软件并不能有效地处理大量的数据，所以需要借助一些新的技术工具，最常见的就是云计算。云计算是分布式计算的一种，指的是通过"云端"网络将大量的数据拆解为无数个小部分，然后通过多个服务器分别计算处理，再整合归纳返回给用户。云计算的特点是分布式处理、虚拟化技术和云存储，具有很强的扩展性。除了云计算，还有 Hadoop（分布式系统基础架构）等可以对大数据进行处理。

2. 深度学习

（1）深度学习的概念

深度学习是机器学习领域中的一个新的研究方向，机器学习又是人工智能的一个分支，其概念来自对人工神经网络的研究，是一种基于无监督特征学习和特征层次结构的学习方法。最开始深度学习被应用于图像、文字和声音的识别，并在这些领域取得了良好的效果。

（2）深度学习网络模型

深度学习根据所用技术原理不同，分为深度学习网络模型和深度学习算法模型。深度学习网络模型主要包括卷积神经网络、循环神经网络、深度信念网络三种。

卷积神经网络（Convolutional Neural Networks，CNN）是一种包含卷积计算并且具有深度结构的前馈神经网络。和传统方法相比，卷积神经网络的优势是能够自动提取目标对象的特征点，发现样本群的内在规律，大大提升了手动提取的效率和分类准确率。卷积神经网络的基本运算单元由卷积层、激活函数层、池化层和全连接层构成，可以实现监督学习和非监督学习。

循环神经网络（Recurrent Neural Network，RNN）是一种以序列数据为输入，递归式的神经网络，其特点是能够将神经元的输出数据再次作为输入数据加载到神经元。RNN 具有记忆性和参数共享，在对序列的非线性特征进行学习时具有一定的优势，被广泛应用于语音识别、机器翻译、信息检索等领域，与卷积神经网络组合可以处理包含序列输入的计算机视觉问题。

深度信念网络（Deep Belief Nets，DBN）是一个概率生成模型，由很多层神经元构成，组成元件是一系列受限玻尔兹曼机（RBM）单元。相比于传统的判别模型，DBN 采用逐层训练的方式，经过预训练阶段和微调阶段的训练，得到稳定的网络结构。既可以类似于自编码机用于非监督学习，也可以作为分类器用于监督学习。

深度学习算法发展于机器学习算法，可以分为监督学习算法和非监督学习算法。监督学习算法是指利用一组已知类别的样本调整分类器的参数，使其达到指定目标的算法，包括梯度下降法、随机梯度下降法、卷积神经网络算法和深度卷积神经网络算法。非监督学习算法与监督学习算法相对，是指根据未知类别的训练样本解决模式识别中的各种问题的算法，包括限制玻尔兹曼机算法、局部线性嵌入方法、等距映射方法和深度信念算法等。

3. 三维数字化技术

三维数字化技术是相对于二维数字化技术的一个概念，是指通过接触式或非接触的方式采集到物体外表面的点云数据，再将获得的数据信息进行加工转换，通过数字化建模的方式加以整理，将各个独立的点链接起来无缝集成，最后经过贴图和渲染得到三维立体模型。三维数字化技术包括三维重建技术和虚拟现实技术。

三维重建技术是三维数字化的重要组成部分，按照操作顺序可以分为四个阶段。

第一个阶段是点阶段。点阶段属于采集和预处理阶段，也是三维数字化重建的第一步。在点阶段，采集完初始数据以后，系统便会对这些数据进行一系列的预处理，包括去除杂点、噪点，减少非连接项、体外孤点，这样便可以得到相对完整的点云数据集。

第二个阶段是封装阶段。封装的意思就是将点阶段得到的完整点云数据填充为三角网格曲面模型，所以也被称为三角网格曲面阶段。在此阶段中，可以对点阶段未采集到的点进行修补填充，填平模型表面凹陷的部分以及磨平小的凸起部分，让模型整体更加圆顺平滑，最大程度上还原被建模的物体形象。

第三个阶段是多边形处理阶段。这一阶段与封装阶段可以同时进行，主要是将点云数据用无数个多边形互相连接起来，形成一个网格状的形态。当空间有三个点时，互相连接形成一个三角形；当空间有四个点时，互相连接形成一个四面体，四个三角形；当空间有五个点时，互相连接形成一个六面体，六个三角形。也就是无论多少个点，最后呈现的都是由若干个三角形网格组成的多面体。进行多边形处理是为了进一步修复数据的缺失，减小顶点数据误差，从而避免网格自交、重叠和孤立等错误。

第四个阶段是精确曲面处理阶段。系统会根据模型多面体的曲率生成轮廓线，通过对轮廓线的处理，将模型表面划分为多个独立区域，然后在各个区域添加一定曲率的曲面，所设置的曲率级别越小，对曲率变化越明显，得到的模型就越精细。最后将所有的曲面拟合，得到一个精确的三维模型。

三维数字化中将建模对象展示出来的技术就是虚拟现实技术，虚拟现实技术是一种借助建模技术和相关传感器设备，对现实的环境进行模拟展示，同时融入动作、声音、光线等要素，使用户体验如同身在真实环境一样的技术。虚拟现实技术根据操作方式的区别，可以分为桌面式虚拟现实系统、增强式虚拟现实系统、沉浸式虚拟现实系统和网络分布式虚拟现实系统。

（三）数字化技术的发展阶段

数字化技术的发展共分为五个阶段：初始级发展阶段、单元级发展阶段、流程级发展阶段、网络级发展阶段、生态级发展阶段。

数据是数字化转型的关键驱动要素，不同发展阶段的组织在获取、开发和利用数据方面总体呈现出由局部到全局、由内到外、由浅到深、由封闭到开放的趋势和特征。

基于数据要素在不同发展阶段所发挥驱动作用的不同，数字化转型的发展战略、新型能力、系统性解决方案、治理体系、业务创新转型等方面在不同发展阶段有不同的发展状态和特征。

1. 初始阶段

初始阶段也就是发展的萌芽阶段，在这一阶段中的组织仅仅在某一业务范围内运用了数字化技术，在业务发展战略、创新转型能力、系统治理体系等方面并没有体现出数字化技术的支持作用。

2. 单元阶段

处于单元阶段的组织在主要经营的业务范围内运用了较新的数字化技术来提高该类业务的运行质量和效率。在业务发展战略方面，可以优化某项职能范围内的建设和运行，数字化的相关内容也被纳入组织的年度发展计划和考核之中；在创新转型能力方面，能够将最新的数字化技术和工具设备投入某项业务之中，帮助组织由局部到整体实现数字化；在系统治理体系方面，管理模式发展为要素驱动型，能够在数字化技术的辅助下开展单项业务的管理决策，系统整体由专门团队负责运营维护，并具备相应的制度保障机制。

3. 流程阶段

处于流程阶段的组织以流程为驱动，通过主营业务流程的数字化转型升级，实现流程内各项业务与机器设备、软件应用、管理行为等要素之间的集成式优化。在业务发展战略方面，已经充分认识到数据的重要作用，并将综合业务的数字化转型纳入年度发展战略体系；在创新转型能力方面，由原来的单元创新转变为业务线的集成融合创新，围绕主营业务的各个环节完成纵向产业链的协同创新能力建设；在系统治理体系方面，流程驱动型成为管理模式，不仅可以跨部门、跨业务进行一体化管理，而且主要设备和业务子系统之间还可以实现数据共享，形成系统性的数字化管理模型。

4. 网络阶段

网络阶段是指在全组织范围内应用普遍性的数字化技术，推动组织内全要素和全过程实现互联互通和动态优化，处于该阶段的明显特征就是产业的数字化和网络化。在业务发展战略方面，将数据作为关键性驱动要素，主动培育数字业务，构建覆盖全域的发展战略计划和考核体系；在创新转型能力方面，能够在全组织范围内加强模块化、数字化、网络化的创新能力，并对主营业务实现全产业链的网络协同和服务延伸，进行资源的按需共享和应用；在系统治理体系方面，基于组织内全要素和全过程的共享互联，建立数字化的治理领导机制和协调机制，实现覆盖整体的自我管理体系和技术、设备、流程、管理四要素的智能协同和互动创新。

5. 生态阶段

处于生态阶段的组织不仅自身实现了数字化的智能驱动，而且还通过生态系统的网络化，与其他组织开放共享数据、资源、技术等要素，共同培育共建共享的数字新业务。在业务发展战略方面，发展到生态阶段的数字化更是以生态圈发展战略为目标，建设生态化运营体系建设，制定覆盖整个生态圈的全过程柔性管控机制；在创新转型能力方面，能够与生态合作伙伴共同建设价值开放的合作平台，实现数字业务和新型技术的认知协同、按需共享和自我优化；在系统治理体系方面，以智能驱动为管理模式形成了共同合作的生态命运共同体，并建立组件化、开放式的智能治理云平台，发挥生态系统潜能，共创绿色可持续发展新空间。

二、不动产档案管理概述

（一）不动产档案管理的内涵

不动产档案是指在房地产开发和管理中所产生的具有较高法律效力的图像、文字、声像等资料，并将其作为房地产产权的登记、转移、变更等工作的原始凭证，是不动产最高物权效力证明。

在传统的档案管理模式中，不动产档案是以纸张作为信息载体，以手工抄录查询的方式对其进行利用，各项档案工作开展的方式大多是纯人工、纯纸化，工作流程冗长，工作效率低下，无形中对不动产档案的日常管理和利用带来了极大不便。数字档案出现后，不动产档案具有信息资源数字化、信息组织与传输网络化、服务范围扩大化、信息资源共享化、信息检索便捷化的特点，数据文件取代了原有的纸质文件，计算机搜索取代了原来的人工查询，逐步形成目前普遍存在的信息化管理模式。随着科技水平的不断提升，云计算、人工智能、数据挖掘、主动推送等现代信息技术使得档案信息服务体系变得更加广覆盖、多元化、多途径，推动不动产档案管理工作走向更高水准的网络化、数字化、动态化、专业化。

（二）不动产档案的特点

1. 易动性

由于不动产可以进行交易、继承、赠予、拆迁，所以，不动产档案也会随之发生变动，不动产档案具有易动性特点。随着房产市场的发展，不动产档案会不断发生变化，不动产的权属问题变动会随着房产市场的活跃而不断增加，不动产档案的资料内容也会随之增加。受易动性特点的影响，不动产档案的登记记录、凭据等都在不断增加，需要管理的档案数量也在不断增加，应用纸质资料进行储存的耗材较多。

2. 有机性

不动产档案的有机性特点是指档案资料与房屋、土地等紧密结合，不能离开土地单一存在。这是因为不动产的所有权和使用权是紧密相连的，在使用权期间，不动产的所有权并不会发生改变。所以，不动产档案的登记需要与土地的使用权保持一致，确保档案的完整性和准确性。由于在不动产档案的管理中需要注意所有权与使用权的一致性，不得破坏其有机性，这意味着在档案管理过程中必须确保不动产的所有权和使用权在档案中的一致性，避免出现混乱或矛盾的情况。例如，在登记不动产档案时，必须准确记录不动产的所有权和使用权人以及相关的权利和义务等信息。

3. 多元性

不动产档案是实体建筑档案，由图、文、簿三部分组成，具有多元性特点。不动产档案的资料内容具有多元性特征，其中"图"是反映不动产档案的直观展示方式，包括房屋平面图、分层分户图等不同图样。文字档案则主要记录房产的来源、使用年限、房产归属等信息。"簿"是不动产的收发领取登记，也是房屋产权、房屋现状的有效登记。不动产档案的多元性决定了其在管理时需要收集整理各类资料，传统档案管理需要收集多元化的图像、文字资料，储存管理的难度较大。

（三）不动产档案管理的模式

不动产档案是证明不动产产权归属的重要依据。目前，我国不动产档案管理主要由以下三种管理模式构成：一是不动产档案进行统一、集中管理，即由各地不动产档案管理机构负责对机构中所保留的所有不动产档案进行集中管理；二是对不动产档案按照其类型进行分层管理，即由各个地区对应的不动产档案管理部门对不同类别的不动产档案进行管理；三是对不动产档案进行分散管理，即由各地基层不动产档案管理部门对用户所进行不动产档案登记的档案资料进行管理，并将基础数据上报主管部门。以上三种模式基本上仍然属于不动产档案的传统管理模式。目前，在不动产档案登记中，主要包括房屋所有权登记、土地所有权登记、林地所有权登记、农村土地承包权和经营权登记。我国针对不动产档案的管理模式包括人工借阅与、电话查询等模式。基于以上模式的不动产档案管理虽在纸质文件信息化方面优于传统不动产档案文本管理方法，但是完整档案信息的有效共享协同、档案信息的实时更新与档案信息的便捷浏览功能依然没有落实。

我国于 2014 年计划实施不动产统一登记制度，目前该制度已经陆续在各地得到落实。但是，根据不动产档案的分类得知，不动产档案的类别众多、数量庞大，且不同部门间的档案协同程度低、档案的存储和保管力度有待提高，不动产档案在信息整合和数据协同方面亟须加强。

（四）我国不动产档案查阅管理的方式

在不动产档案的储存与保管的过程中，我国的不动产档案分别存放各个地区的不动产档案管理部门。然而，存在不动产档案存放库房空间有限，无法满足今后大量不动产档案的存放保管工作需求的问题。目前，我国大多数不动产档案管理中心对于不同类型的不动产档案资料的保存和管理方式也不尽相同，对于纸质的不动产档案文件，大多按照不同类别存放在档案库房；对于已经将纸质文件电子化的不动产电子档案，大多按照不同类别与功能存放于不同的电子系统与数据库中。对于不动产档案信息系统的利用，部分不动产档案管理中心通过设置对不同类别的档案信息的查询需求来开设查询窗口，便于满足民众的查阅需求；部分不动产档案管理中心通过在其主页中设置查询管理，需用户登录后便可查询所办理的业务以及部分档案信息。

目前，不动产档案的查阅管理的方式包括人工借阅的方式、网络登录查阅的方式、不动产档案信息系统分权限浏览的方式。人工借阅方式是目前档案借阅使用频率最高的方式，用户通过预约查阅登记，档案管理员按照不同用户所需的档案类别进行借阅，并要求用户在相应期限归还。在人工借阅的管理模式下，可能会出现档案磨损或丢失的状况，并且随着不动产档案查阅频率的增加，人工借阅的方式无法满足借阅服务的及时性与高效性。

另外，通过网络登录以及通过不动产档案信息系统对所需档案进行浏览以及信息获取较人工借阅而言更加方便快捷。人们可以通过关键词检索来快速搜索需要查询的档案类别，可以大大节省查阅时间。通过登录不动产档案信息系统，日常的档案查阅可通过系统数据库进行档案基础数据的查看与利用，并可根据档案数据的变化在系统中进行调整，这样做有利于增加不动产档案数据的使用价值，为档案数据的更新做出了技术支持。

（五）我国不动产档案信息化管理状况

目前，我国不动产档案管理中心在档案信息化方面正在努力地推动传统纸质档案向电子档案转变，以增强不动产档案的利用效率。近年来，我国各地不动产档案管理部门通过设立不动产登记管理系统以促进不同类型的不动产档案进行信息的完整性提升，使得大部分信息能够通过地理信息定位系统进行精准地数据采集。与之前传统的不动产档案管理模式相比，建立不动产档案管理系统可以提升档案信息的利用效率以及信息的完整性，如各类基础地籍信息已利用数据库实现了信息化的系统管理，便于民众直接浏览与利用。

如何根据原有数据库的数据类型，通过对不动产档案管理的信息属性可视化的设计来实现原有地籍信息数据库的可视化功能是需要研究的关键问题。在档案三维可视化方面：超图集团利用 iServer 技术对数据资源分析服务进行可视化，通过分段专题图和标签专题图使数据分析结果更加清晰直观。此外，Super Map iDesktop X、Super Map iMobile、Super Map iClient 以及 Super Map iData Insights 等客户端也可以对包括仪表盘、聚合图、密度图、热度图等的数据分析的结果提供二维、三维的可视化操作。

除了 iServer 技术可以对数据资源分析进行可视化处理之外，利用 sketchup 软件也可以对档案文本文件、二维档案文件进行可视化处理，并提取适合建立三维可视化模型的关键信息，完成基于档案信息的三维可视化模型的建立与应用。但是，目前的云平台系统大多以局域网的方式进行管理，无法与海量类别的资料数据进行共享和协同，无法满足智慧城市发展的目标和需要。

三、数字化技术对不动产档案管理工作的作用

其一，数字化技术为房屋档案管理提供了许多便利条件，其中包括以下几点：

①数据信息实时更新：数字化技术可以实现房屋档案信息的实时更新，使相关人员可以及时获取最新的信息。

②准确存储：数字化技术可以确保房屋档案信息的准确存储，避免了传统纸质资料因人为因素导致的信息失真。

③安全访问：数字化技术可以通过设置访问权限、加密等技术手段，确保房屋档案信息的安全访问，防止信息泄露和不当使用。

其二，保证电子材料数据的完整性和准确性。数字化技术在房屋管理中主要发挥以下作用：一是利用数字化系统对房屋信息进行收集、整理和分类；二是实现相关数据高效提取、更新；三是实现业务信息资源整合；四是实现档案资源安全保管、查询和利用等工作。数字化系统不仅可以提高不动产档案管理速度，而且在管理质量以及安全性等方面具有优势。

四、数字化技术在不动产档案管理中应用的特点

（一）便捷性

数字化技术在不动产档案管理中的应用打破了传统的纸质模式，使多元化信息储存到计算机中，为查阅和登记提供了极大便利，也让不动产档案资料得到了高效利用。过去，不动产档案的存放和登记会受到诸多因素的影响，由于档案资料繁杂，有些档案的归属问题不能明确，影响了不动产档案的管理。数字化技术可以将不动产档案信息通过数字化的方式储存、展现在计算机中，有助于工作人员的归档整理以及随时查阅。

（二）共享性

网络具有信息共享性，数字化技术应用到不动产档案管理中也展现出一定的共享性。对不动产档案信息进行共享可以及时对档案信息进行更新和补充，使档案信息更加全面完整。同时，信息与数据共享也可以使不动产档案资料的查阅更加便利。随着不动产档案资料日渐丰富，在形成数据库平台共享数据后更能够充分发挥不动产档案的价值和作用。

（三）服务性

对于不动产档案来讲，其质量水平是受到档案资料信息完整性和查阅便利性影响的。不动产档案资料越是被高效利用，就表明档案价值越大，这也得益于数字化技术的科学应用。不动产档案管理旨在使客户的查阅需要被满足，为此，还需不断强化自身管理，让档案管理达到较高的水平，以便更好地为人民群众服务。

利用数字化技术，不动产档案原始资料可以实现新媒体技术的储存，不动产档案的内容更加多元，呈现方式也更加新颖，查询更为便捷高效，推动不动产档案管理更具服务性。

（四）安全性

对不动产档案资料运用数字化技术是通过录入原始数据和扫描影像资料等方法搜集信息，分类别将这些信息通过计算机进行信息化处理，并结合实际更新变化的过程。对于不动产档案资料，档案管理部门需要做好加密保护工作，开放一定的查阅权限，使不动产档案数据更加安全，提升信息处理系统的安全性。

数字化技术的应用可以很好地解决过去档案资料容易破损的情况，可以科学把握不动产档案资料，提高其利用率，让不动产档案的利用性得到提升，强化档案安全，推动不动产档案管理实现信息化发展。

五、数字化技术在不动产档案管理中的具体应用

（一）数据资料扫描方面

有关人员应当对各类纸质化的档案资料进行电子扫描，以实现高效的不动产档案管理。在扫描过程中需要密切关注是否存在错误或偏差，如有时进行纠正和记录，以确保电子档案中的数据信息符合阅读要求。对于不动产档案资料的整合和管理，如果发现信息不完善的问题，需要对相关的档案来源文件进行补救，以确保每一项信息都可以得到有效采集。首先，在完成电子扫描后，需要对录入的信息进行核对，以确保电子档案信息不会丢失。其次，在核对完成后，下一步是纠正各类数据资料中存在的错误图像问题，以确保数据信息的可靠性和真实性。与此同时，在实际扫描的过程中，需要确保能够清晰地识别每一张照片中的细节内容，如果扫描的资料不是原始文件，需要对不清晰的部分进行必要的处理。

对于错误图像问题的纠正，可以通过以下方法实现：

1.人工校验：让专业的人员对扫描的数据资料进行逐一校验，发现并纠正错误图像问题。

2.自动审核：利用图像处理技术，对扫描的数据资料进行自动审核，识别并纠正错误图像问题。

无论采用哪种方法，都需要确保数据资料的准确性和完整性。同时，在纠正错误图像问题时，需要进行详细记录，以便后续查阅和核对。

（二）数据对接方面

管理人员需要保证数据对接的可靠性和有效性，为后期的档案管理及编号工作提供支持。在基于数字化技术进行的不动产档案管理中，数据对接应该基于各类差异文件的业务编号，需要对各类目录数据、图像文件等开展准确对接，以确保信息对接过程中不会出现信息遗漏或错误；在档案信息整合和归档过程中，对于数据对接后的信息需要进行检查和验收操作，整合后进行数据归档；在实际编号的过程中，要挑选专门的人员进行监督和管控。与此同时，还要结合档案的差异化属性开展科学的分类和整理。

（三）管理平台创建方面

首先，在实际利用各类不动产档案信息期间，应该重视参考档案管理工作的具体需求和特点，基于数字化和信息化技术创建高质量的信息共享平台，以保证各类差异化的档案信息都可以被有效利用。一般来讲，在平台创建的过程中，需要重视发挥各部门的职能，同时注重发挥各部门之间的联动作用，突破部门间信息共享的限制，确保管理资源能够实时共享。通过这样的方式，可以提高不动产档案信息的利用效率和安全性，满足各种需求。

其次，要尤其重视信息安全性的保障。在数字化技术应用之后，档案信息面临的威胁也大幅增加，由此，在基于数字化技术开展档案管理工作的过程中，要重视创建可靠的安全系统，以确保信息使用和流动安全，防止出现风险事件，导致档案信息出现泄露或者数据损坏等问题。

在开展相关操作的过程中，要重视挑选符合数据接口及 BIM 模型需求的云平台，同时将对应的档案数据及 BIM 模型传输至平台中进行存储，结束以后，经由设计平台管理模块系统的方式提升 BIM 模型接口实用性。同时，将其和档案数据实现可靠对接，达到数据、模型及档案和谐一致的目的，有助于提升档案信息的数字化水平以及直观度。

最后，还需要参考设计管理系统对平台技术提出的基本需求，通过创建网络硬件系统的方式增加不动产档案管理的力度，如应用网络服务器系统等。研究和设计整合档案文件的数字化流程和上传方式，包括参考管理的权限和流程、针对差异化用户需求和管理人员档案权限的设置等。在进行数字化档案管理平台的应用流程设计期间，需要重视对服务对象和服务流程展开科学设计。为了使平台内主要管理模块的作用得到充分发挥，还需要注重对人员及权限管理、各关联文档的差异化类别处理和存储方式等进行合理设置。

（四）档案分类及管理方面

基于对数字化技术的有效应用，在实际管理期间，要合理地挑选和优化数字化技术，确保实现对不动产登记信息的统一管理。此外，对于分类管理工作而言，应按照档案管理设计的多个种类实施具体的档案信息分类操作，以保证各项信息整合及归档的准确性。如此一来，才可以高效利用各种各样的信息，也有助于档案管理整体质量的提升。结合不动产档案各类数据信息的类别，可以得出此类档案的主要内容包括权证、基本地籍以及工程档案相关信息。

在不动产登记管理中，利用数字化技术改造不动产登记大厅，增加自助服务设施，极大提高了不动产档案管理工作效率。如今，登记大厅可以提供土地交易、税务申报、银行存储、方案报审、规划许可、登记审批等多种服务，并且实现"一窗受理，并行办理"，真正提升了管理水平。在不动产档案管理工作中，也应落实"放管服"改革措施，简化办证流程，要求不能重复提交同一申请材料，并取消房屋交易中土地报告评估环节，在一定程度上可以有效减轻企业与个人的负担。为确保审批环节精简高效，在不动产档案管理中，有关部门应进一步减少规划审批的条件，将人防、消防等设计部分纳入施工图审查中，由此形成审批服务"共用一套图纸"。在审批管理中，简化申请材料，按照指南与项目表格整合申报的图文材料，确保不同审批阶段可共享一份申报材料，避免出现重复提交材料的问题。

利用数字化技术对不动产信息进行管理的关键是构建信息属性，将数据库内的参数根据设计标准展开类别划分，并对其字段长度及数据种类进行定义。鉴于此，工作人员应利用计算机软件对传统数字化模型项目属性进行参数扩展，使其能够具备地籍信息的属性。

针对不动产档案存档来讲，工作人员应选择同样路径存储相关的纸质文件和电子文档。针对通用软件衍生的工程电子数据，需要在存储的同时统一采集和收录各数据版本及型号等数据，此类数据属于一般施工电子文件数据。此外，对于专用软件创建的电子数据，也需要将其转换成一般施工电子数据。

（五）档案管理人员方面

在应用数字化技术开展档案管理工作期间，管理人员应注重优化自身管理观念，提升职业素养和专业技术能力。在具体管理工作中，人员需要做好管理技术升级，采用最新的数字化技术形式，掌握不动产档案管理知识。有关部门应对管理人员开展专业培训，如设计培训课程、知识技能竞赛等。此外，还需要增加管理人员对数字化技术的应用水平，推动管理工作朝向智能化方向发展。

六、数字化技术在不动产档案管理中应用的优化策略

（一）统筹数字化数据库

数字化数据库是储存不动产档案信息的重要条件，不动产档案数字化建设需要科学统筹数字化数据库，发挥其作用与价值，为档案管理提供便捷条件。不动产档案通过扫描、人工录入等方式转化为数字资料后，需要科学统筹数字化数据库对资料进行有效储存，数据库的功能性与先进性影响着后续档案管理质量，为此，在进行数据库建设时必须结合不动产档案的实际情况进行调整。工作人员需要按照本地区不动产档案资料的数量，并且预估未来档案资料可能发生的变化，选择合适规模的数据库条件，按照不动产档案的安全性要求，选择不同加密条件的数据库类型，从整体角度规划数据库系统，确保数据库可以在后续档案管理中提供有效的技术支持。

除此之外，工作人员也需要重视数据库相配套的其他技术条件，如检索系统、数据共享、智能化分类等，关注数据库安全稳定性以及后续升级要求，建立高效、可靠的数据库条件，帮助完成不动产档案的信息查阅、自助查询，提高档案管理质量。

（二）明确各项管理工作的范围及职责

档案部门作为不动产档案的主要管理机构，应加强对电子文件的管理工作。一是明确电子文件的归档范围、保存期限和形成方式，并建立电子文件管理制度和技术标准。二是明确电子文件管理的具体要求，制定相关标准，保证电子文件归档、管理和利用工作顺利开展。三是对已形成的不动产档案要依法依规明确电子公文存档年限。四是建立健全不动产档案信息安全保护机制，严格落实安全保密责任。

（三）强化不动产档案管理队伍的建设

要正确认识数字化技术在不动产档案管理中的优势作用，挖掘数字化技术的价值，使其在不动产档案管理中发挥出最大的作用，开发不动产档案管理的隐藏功能。对于不动产档案管理来讲，十分有必要建立一支高素质、高水平的管理队

伍，只有提高档案管理队伍的专业素质与能力，提升其理论联系实践的能力，才可以使不动产档案管理达到良好的效果。

为此，要提高对档案管理人员数字化培训的重视程度，通过开展科学化、针对性的教育培训的方式提高档案管理人员的专业能力，将业务能力与数字化技术相结合，让数字化技术深入档案管理人员的头脑中，只有这样才能使不动产档案管理的整体效果得到有效提高，并能使服务质量得到优化。

参 考 文 献

［1］党跃武，曾雪梅，陈征，等 . 基于信息组织技术的档案资源开发［M］. 成都：四川大学出版社，2016.

［2］赵彦昌 . 大数据时代档案工作实践与创新研究［M］. 沈阳：辽宁大学出版社，2016.

［3］黄丽华 . 档案数字化：风险与管理［M］. 北京：中国文史出版社，2018.

［4］张鑫 . 现代档案管理实例分析［M］. 北京：科学技术文献出版社，2018.

［5］杨学锋 . 现代化档案管理与服务研究［M］. 北京：中国商务出版社，2018.

［6］曾予新，郝伟斌 . 城市建设与工程项目档案管理［M］. 北京：中国铁道出版社，2018.

［7］赵娜 . 信息化时代的档案管理精要［M］. 天津：天津科学技术出版社，2018.

［8］郭静姝 . 生态环境发展下的城市建设策略［M］. 青岛：中国海洋大学出版社，2019.

［9］张蓉 . 现代管理科学方法在档案工作中的应用实践［M］. 南昌：江西科学技术出版社，2019.

［10］谭萍 . 新形势下档案安全风险及防控对策研究［M］. 沈阳：辽宁大学出版社，2019.

［11］全红 . 海绵城市建设与雨水资源综合利用［M］. 重庆：重庆大学出版社，2020.

［12］孟炜 . 区域性建设档案管理工作实务［M］. 武汉：武汉出版社，2012.

［13］周耀林，赵跃 . 面向公众需求的档案资源建设与服务研究［M］. 武汉：武汉大学出版社，2017.

［14］卢捷婷，岑桃，邓丽欢 . 互联网时代下档案管理与应用开发研究［M］. 北京：北京工业大学出版社，2022.

［15］马爱芝，李容，施林林.信息时代档案管理工作理论及发展探究［M］.长春：
        吉林大学出版社，2022.

［16］孙静.创新型城市建设与评价研究［M］.长春：吉林人民出版社，2022.

［17］王瑞霞.现代档案数字化管理研究［M］.长春：吉林人民出版社，2022.

［18］于景元，周晓纪.从定性到定量综合集成方法的实现和应用［J］.系统工
        程理论与实践，2002（10）：26-32.

［19］韩浦霞.大数据技术综述［J］.天津职业院校联合学报，2020，22（12）：
        113-118.

［20］刘共清.政府投资项目初步设计概算编制研究［J］.中外建筑，2020（6）：
        171-172.

［21］谢丽雅.智慧城市建设中的城建档案管理研究［D］.武汉：华中师范大学，
        2020.